从来只有情难尽

历代爱情诗名篇赏析

丁放◎著

商务印书馆
国际有限公司

图书在版编目（CIP）数据

从来只有情难尽：历代爱情诗名篇赏析 / 丁放著．— 北京：商务印书馆国际有限公司，2015.4

ISBN 978–7–5176–0126–5

Ⅰ．①从… Ⅱ．①丁… Ⅲ．①古典诗歌–诗歌欣赏–中国
Ⅳ．①I207.2

中国版本图书馆 CIP 数据核字（2015）第 054092 号

从来只有情难尽：历代爱情诗名篇赏析

作　　者　丁放
出版发行　商务印书馆国际有限公司
（地址 北京市东城区史家胡同甲 24 号 邮编 100010）
（总编室电话 010-65592876　市场营销部电话 010-65598498）
经　　销　全国新华书店
印　　刷　北京信彩瑞禾印刷厂
开　　本　880mm×1230mm 1/32
印　　张　10.75
字　　数　250 千字
版　　次　2015 年 4 月第 1 版第 1 次印刷
书　　号　ISBN 978-7-5176-0126-5
定　　价　26.00 元

目录

相思篇

诗经

古诗

汉乐府

三国魏·曹丕

晋·张华

宋·朱淑真

宋·寇准

宋·晏几道

宋·苏轼

宋·贺铸

宋·秦观

宋·周邦彦

宋·李清照

宋·姜夔

离别篇

怨情篇

相思篇

诗经

周南·关雎[1]

关关雎鸠[2]，在河之洲[3]。
窈窕淑女[4]，君子好逑[5]。
参差荇菜[6]，左右流之[7]；
窈窕淑女，寤寐求之[8]。
求之不得，寤寐思服[9]；
悠哉悠哉[10]，辗转反侧[11]。
参差荇菜，左右采之；
窈窕淑女，琴瑟友之[12]。
参差荇菜，左右芼之[13]；
窈窕淑女，钟鼓乐之[14]。

注　释

①这是《诗经》的第一篇，其主旨历来有各种说法，如"《关雎》，后妃之德也"（《诗大序》）等等，但皆嫌牵强。此诗实际上是一首祝贺新婚的诗。

②关关：雌雄二鸟相和答的鸣声。雎（jū）鸠：鸠类小鸟。

③洲：水中陆地。

④窈窕：幽闲的样子。淑女：好姑娘。

⑤好逑：理想的配偶。

⑥参差（cēncī）：长短不齐。荇（xìng）菜：一种可以吃的水生植物。

⑦流：同摎，用手捞取。

⑧寤：醒来。

⑨服：思念、想念。

⑩悠哉：形容忧思深远。

⑪辗转：在床上翻来覆去，指失眠。

⑫"琴瑟"句：弹琴奏瑟来同所爱的女子亲近。

⑬芼（mào）：用手择取。

⑭"钟鼓"句：敲钟打鼓来使她快乐。

评 析

此诗第一章是因见关雎而兴感，为求爱之始。第二章是求之不得，辗转反侧，写得哀而不伤。第三章写爱情成功，无比欢乐，但又乐而不淫。此诗为后世才子佳人风情之作的权舆。

邶风·静女

静女其姝[①]，俟我于城隅[②]。

爱而不见[③]，搔首踟蹰[④]。

静女其娈[⑤]，贻我彤管[⑥]。

彤管有炜[⑦]，说怿女美[⑧]。

自牧归荑⑨，洵美且异⑩。

匪女之为美⑪，美人之贻。

注 释

①静：幽娴。姝：美丽。

②俟：等候。城隅：即城角，此指僻静之处。

③爱："薆"的假借字，意为隐蔽着。

④踟蹰：走来走去，形容焦急不安。

⑤娈（luán）：美好。

⑥贻：赠。彤管：疑是一种乐器，彤是红色。

⑦炜（wěi）：红而发光。

⑧说：同悦。悦怿，心里高兴。女：即汝，指彤管。

⑨牧：郊外放牧牲畜的地方。归：同馈，赠。荑（tí）：初生的芳草。

⑩洵：确实。异：非常好，好得出众。

⑪"匪女"二句：意谓并非荑多么美好、名贵，只因为它是美人所赠。匪：即非。

评 析

这是一首诗人（男子）爱恋卫宫女史之作。第一章写相约与等待。静女约我在城角相会，她却藏了起来，急得我直挠头。第二章写二人相见，女子赠给男方一支彤管，作为爱情的信物。第三章写女子又赠给他一根从牧田里采来的茅草，他说茅草并不美，但因系美人所赠，故感到非常美，非常满意。

本诗写出了女子的美丽、天真与顽皮神态及对爱情的忠贞，写男子的满心欢悦亦极生动。

郑风·溱洧

溱与洧方涣涣兮[1]，士与女方秉蕑兮[2]。

女曰："观乎？"[3]

士[4]曰："既且[5]。"

"且往观乎[6]？"

"洧之外洵讦且乐[7]！"

维士与女，伊其相谑[8]，赠之以勺药[9]。

溱与洧浏其清矣[10]。

士与女殷其盈矣[11]。

女曰："观乎？"士曰："既且。"

"且往观乎？""洧之外洵讦且乐？"

维士与女，伊其将[12]谑，赠之以勺药。

注 释

①"溱与洧"句：溱、洧，水名，在郑国境内。涣涣：形容春冰初解，水流很大的样子。

②"士与女"句：士与女，泛指游春的男女们。下文的"女""士"则专指其中某一对男女。蕑(jiān)：香草名，即生在水边的泽兰。古人采兰于水边，是为了祛除不祥。

③"女曰"句：写一女子约她的情人去看热闹。观：游赏。

④士：指女子的情人。

⑤既且：已经过去了。且：同徂，往。

⑥"且往"句：再去看看吧。

⑦讦（xū）：大，指地面宽阔。

⑧“维士”二句：维、伊、其都是语助词。相谑：互相调笑。

⑨勺药：即芍药，三月开花，古代男女彼此赠送芍药是为了表示爱情。

⑩浏：形容水清。

⑪殷：众多。盈：充满。

⑫将：相。

评 析

此诗是描述郑国士女在清明佳节男女相悦，相约郊游之作。今文《韩诗》云：“《溱与洧》，说人也。郑国之俗，三月上巳之日，于两水上招魂续魄，祓除不祥。故诗人愿与所说（悦）者俱往观也。”诗中写男女二人相爱，共同春游，赠以鲜花，表达爱意。前人多认为此诗为“刺淫”之作，实不确。

古诗

青青河畔草

青青河畔草，郁郁园中柳①。
盈盈②楼上女，皎皎③当窗牖。
娥娥④红粉妆，纤纤出素手。
昔为倡⑤家女，今为荡子⑥妇。
荡子行不归，空床难独守。

注释

①“郁郁”句：浓密茂盛的样子，汉人有折柳赠别的习惯。

②盈：美好多仪态的样子。

③皎皎：白皙明洁貌。

④娥娥：美貌。

⑤倡：歌舞伎。

⑥荡子：在外乡漫游的人，与“游子”义同，后世谓荡子为浪荡不务正业之人，与此不同。

评析

此诗是《古诗十九首》之一，而且是其中的代表作。诗的主人公是一位思妇。诗中非常明白地交代了思妇的身世：过去是一位以歌舞为生计的“倡家女”，如今变成了游子之妻——荡子妇。荡子在外遨游忘返，遨游的原因可能有求学、做官、从军、经商等等，具体情形则不得而知。在春光明媚之际，这位少妇倚楼凭窗，望着青青的园柳和萋萋的芳草，想着远方的丈夫归期难卜，为自己的寂寞孤独发出痛苦而又无奈的叹息。这情形，让我们想起了唐代诗人王昌龄那首著名的《闺怨》诗：“闺中少妇不知愁，春日凝妆上翠楼。忽见陌头杨柳色，悔教夫婿觅封侯。”诗中写少妇受春光触动，悔恨让夫婿追逐功名，辜负了良辰美景，在意境上，王昌龄这首诗显然受到“青青河畔草”一诗的影响。

“青青河畔草”全诗共十句，首二句写景，中四句写思妇的姿容仪态，末四句写思妇的身世和愁思。全篇看似平淡，而丽质天成，达到天衣无缝的境界。

涉江采芙蓉

涉江采芙蓉，兰泽①多芳草。
采之欲遗②谁，所思在远道。
还顾望旧乡，长路漫③浩浩。
同心④而离居，忧伤以终老⑤。

注 释

①兰泽：有兰草的低湿之地。

②遗（wèi）：赠送。以芳草送人是结恩的表示，古代有此风俗，在《诗经》《楚辞》中即有多处描写。

③漫：犹漫漫，长：无边无际。

④同心：指夫妇感情很好。

⑤终老：终生，一辈子。

评 析

此诗也是《古诗十九首》之一，据徐陵的《玉台新咏》所说，这首诗是西汉人枚乘的作品，但似无确证。这是一首惜别的情诗，写游子思妇怀念在远方的"同心"之人。全诗共八句，前四句为女子口吻，首二句写女子采得美花香草，打算赠给情人，三四句说情人与己相距很远，欲赠不能；五六句转为男子口吻，说思念情人，想返回故乡，但路途极为遥远，目的难以实现，这是女子虚拟丈夫的语气；末二句是二人共同的感触，说同心之人偏偏分隔两地，这无穷的忧伤终生都难以排遣。

这首诗语言比较质朴直率，抒发的感情却相当浓郁沉挚，因与爱人分居而产生的痛苦被表现得相当深厚，可以说，以情感人是此诗的突出特点。

迢迢牵牛星

迢迢牵牛星[①]，皎皎河汉女[②]。

纤纤擢素手[③]，札札弄机杼[④]。

终日不成章[5]，泣涕零如雨。
河汉清且浅，相去复几许？
盈盈一水间，脉脉不得语[6]。

注 释

①迢迢：远的样子；一作“苕苕”，高的样子。

②河汉：银河。河汉女，即织女星。它是天琴星主座，在银河北，和牵牛星相对。

③擢：举。

④札札：织机声。

⑤不成章：织不成经纬纹理。用《诗经·大东》“跂彼织女，终日七襄；虽则七襄，不成报章”语。

⑥脉脉：“眽眽”的假借字，含情相视的样子。

评 析

这首诗借牛郎织女遭天河隔绝的故事，借喻有情男女咫尺天涯的哀怨。牛郎织女这个美妙的神话，从《诗经》起，就成为人们喜用的一个典故，至今仍广泛流传，过去有戏剧《天河配》，新中国成立后由严凤英、王少舫主演的黄梅戏《天仙配》被拍成电影，轰动海内外，牛郎织女的故事可以说已是家喻户晓。

这首诗着重渲染相思而不能相会的幽怨，所以神话传说中七夕乌鹊填桥、牛郎织女欢会之类情节就没有采用。这首诗实际上属于“闺怨”之类，所以专从织女一方面落笔，重点比较突出，故与过去一般牛郎织女形象有所不同。诗的首二句是织女与牛郎对举，接下去八句全写织女，牛郎并未出现，但细看全诗，可见每句话都有牛郎在背后，“迢迢”两字是全篇的脉络。诗中“不得语”三字含蓄最深，说“不得语”，当然是原来“欲语”，其所以欲语而不得语者，说明有人在后台加以操纵、阻挠。在这种情形之下，牛郎和织女同是受压迫者，有同样说不出的苦衷，然而毕竟是说出了，“河汉清且浅”二句是“怨”，最后二句直接写出了反抗的呼声。

凛凛岁云暮

凛凛岁云暮，蝼蛄①夕鸣悲。
凉风率以厉②，游子寒无衣。
锦衾遗洛浦③，同袍④与我违。
独宿累长夜，梦想见容辉。
良人唯古欢⑤，枉驾惠前绥。
“愿得常巧笑，携手同车归。”
既来不须臾，又不处重闱。
亮无晨风翼⑥，焉能凌风飞？
眄睐以适意⑦，引领⑧遥相睎。
徙倚⑨怀感伤，垂涕沾双扉。

注释

①蝼蛄：虫名，俗称土狗。
②“凉风”句：率，疾急貌。厉，猛烈。

③洛浦：洛水之滨。相传洛水女神名宓妃。

④袍：即今之披风。古时行军者白天当衣穿，夜间当被盖。同袍，此处代“同衾”，代指夫妇。

⑤唯古欢：思念往日的恩爱。

⑥“亮无”句：亮，即谅。晨风，鸟名。

⑦“眄睐”句：眄睐，斜视貌。适意，宽心。

⑧引领：伸长脖子。

⑨徙倚：徘徊。

评 析

这是一首思妇想念游子的诗。全诗可分为三部分，第一部分写时令已入深秋，女子因岁暮风寒想起远在他乡的丈夫。“锦衾遗洛浦”句，设想丈夫可能会有新欢；“同袍与我违”说丈夫在形体上和感情上都离自己很远，自己却仍苦苦思念，自然转入第二部分的描写。“独宿”二句是由思念到入梦之间的过渡。“良人”二句说丈夫未忘旧日恩爱，驾车来迎，亲自助我上车，这是梦中所见。“愿得常巧笑，携手同车归”二句是良人的话，良人希望她高高兴兴的，愿她青春常在。“巧笑”用《诗经》“巧笑倩兮，美目盼兮”之意，是写女性美貌的。良人还要和她携手并肩，同车还家，这是梦中所闻。“既来”以下四句说良人既来，为什么顷刻之间又不见了，又不曾进家门，难道他会乘风飞走吗？这是女子梦中所想。中间八句从见、闻、想三个方面极力刻画女主人公在梦中见到丈夫的一片痴情，写得非常动人。最后四句为第三层，写梦后感伤之情。梦醒之后，她纵目四望，伸长脖子，到处寻找，希望能发现丈夫的身影，但终于失望，不由得泪下沾衣。

此诗的梦境写得非常动人，为其主要特色。

孟冬寒气至

孟冬[①]寒气至，北风何惨栗[②]。
愁多知夜长，仰观众星列。
三五明月满，四五蟾兔缺[③]。
客从远方来，遗我一书札，
上言长相思，下言久离别。
置书怀袖中，三岁字不灭。
一心抱区区，惧君不识察[④]。

注 释

①孟冬：初冬，指旧历十月。

②惨栗：极寒貌。

③“三五”二句：三五是旧历十五日，四五是旧历二十日。蟾兔：代指月亮。这两句写思妇经常失眠，故对月之圆缺观察得非常清楚。

④“一心”二句：说我执着地爱着你，就怕你不知道，没看见。

评 析

这也是一首思妇相思之词。诗中先写寒冬夜长，北风呼啸，思妇夜不能寐，只好望着天空数星星，并且夜夜如此，故对月亮的圆缺都了如指掌，这就是前六句的意思。这一层于不动声色之中，写出思妇苦苦思恋丈夫的深情。以下八句写丈夫三年前曾寄来书信一封，表达了对自己的思念和离别之情。自己则将这封珍贵的书信视若珍宝，藏在怀袖之中，虽已经过了三年，仍然字迹如新，由此可见思妇对丈夫无比执着的爱情。

这首诗的写法颇似古诗中的另一首“客从远方来”，诗云：“客从远方来，遗我一端绮。相去万余里，故人心尚尔。文采双鸳鸯，裁为合欢被。著以长相思，缘以结不解。以胶投漆中，谁能别离此。”所不同者是“客从远方来”一诗中丈夫带来的不是信，而是一匹绸缎，女子用此布做成合欢被，表达永不分离的爱情。

汉乐府

上邪[1]

上邪[2]！我欲与君相知[3]，
长命无绝衰[4]。山无陵[5]，
江水为竭[6]，冬雷震震[7]，
夏雨雪[8]，天地合[9]，乃敢与君绝[10]。

注 释

①本篇为汉乐府《铙歌十八曲》之一。

②上邪：即“天哪”。上：指天。邪：同耶。

③“我欲”句：君，指所爱的人。相知：相爱。

④“长命”句：是说希望爱情永不衰减或中断。长：永远。命：令、使。

⑤山无陵：是说高山成为平地。

⑥“江水”句：是说江水干涸。

⑦震震：雷声。冬天不会打雷，故指以为誓。

⑧雨（yù）雪：下雪。夏天不会下雪，故以为誓。

⑨天地合：天地绝不可能合在一起。以上五事，都是不可能的。

⑩“乃敢”句：是说只有上述五种情况发生，我才敢与您断绝恩情。

评 析

这是一位女子所发出的爱情誓言，她爱上了一位男子，决定将自己的终身托付给他，并且永不变心。诗的前三句是表达自己的爱意，中间五句是设誓，列举了自然界中绝不可能出现的五种事件，说除非这些事情发生，我才会与你绝交。因为这五件事都不可能发生，故此女子永不会与爱人绝交，这是一种“反誓”，通过这种誓言，表示了女子对爱情的无比忠贞。清人张玉谷《古诗赏析》评此诗云：“首三，正说，意言已尽；后五，反面竭力申说。如此然后敢绝，是终不可绝也。迭用五事，两就地维说，两就天时说，直说到天地混合，一气赶落，不见堆垛，局奇笔横。”分析相当确切。

三国魏·曹丕

燕歌行

秋风萧瑟天气凉，草木摇落①露为霜，
群燕辞归雁南翔。念君客游多思肠②，
慊慊③思归恋故乡，君何淹留寄他方？
贱妾茕茕守空房，忧来思君不敢忘，
不觉泪下沾衣裳。援琴鸣弦发清商④，
短歌微吟不能长，明月皎皎照我床。
星汉西流夜未央⑤，牵牛织女遥相望，
尔独何辜限河梁。

注　释

①摇落：凋残。

②多思肠：一本作“思断肠”。

③慊慊：空虚之感。

④清商：乐名，清高音节短促，所以下文说“短歌微吟不能长”。
⑤夜未央：夜已深而未尽之时。

评 析

作者曹丕（187—226），字子桓，曹操次子，建安二十五年（220）代汉即帝位。他生长戎旅之间，但读书勤苦，诗才颇高。这首诗属乐府《相和歌·平调曲》，写女子怀念在远方作客的丈夫，是一首言情的名作。此诗在文学史上占有重要的地位，因为它是目前能见到的我国最早的一首完整的七言诗。

此诗三句一层。第一层写客观环境，时已深秋，万木凋零，候鸟南归，既是写实，若从比兴角度看，这又是喻游子不知返，正好逗入下文。第二层写妻子因极度思念丈夫而柔肠寸断，责怪丈夫淹留他方。第三层写自己独守空闺，忧愁孤独，仍思念不已。第四层写女主人公弹琴排忧，而忧愁更深。最后一层既是写实，亦兼比兴。牛女二星是主人公望中所见，但他们为天河所阻，无法相聚，正如游子与自己天各一方，不能团圆。

这首诗情致委婉，音节美妙，对后世七言诗有很大影响。

晋·张华[1]

情诗五首[2]（选二）

清风动帷[3]帘，晨月照幽房[4]。
佳人[5]处遐远，兰室无容光。
襟怀拥虚景，轻衾覆空床。
居欢惜夜促，在戚怨宵长。
抚枕独啸叹，感慨心内伤。

游目[6]四野外，逍遥独延伫。
兰蕙[7]缘清渠，繁华荫绿渚。
佳人不在兹，取此欲谁与？
巢居[8]知风寒，穴处[9]识阴雨。
不曾远别离，安知慕俦侣？

注 释

①张华（232—300），字茂先，西晋范阳人。为西晋重臣，为人正直，乐于奖

掖后进文士，后因反对司马伦篡权，为其所害，有《张司空集》存世。

②张华的《情诗》共五首，都写夫妇离别后思慕的心情。“清风动帷帘”为第三首，写妻子独守空闺思念远方的丈夫。“游目四野外”为第五首，写游子思慕妻子之情（但是也有人认为此诗亦为闺情诗）。

③帷：帐幔。

④幽房：女子的深闺。

⑤佳人：五首中夫妇皆互称“佳人”，此处指丈夫。

⑥游目：随意观览。

⑦兰蕙：皆香草名，古代常用来赠给所爱的人。

⑧巢居：谓鸟。

⑨穴处：指蝼蚁之类。

评 析

前一首诗用情景交融的手法，恰当地抒发了闺中思妇哀婉动人的相思之情。“清风”二句交代女子所处的环境背景，渲染出冷寂的气氛；三四句点出丈夫（佳人）处于远方，使得闺房中黯淡无光，是融情入景的手法；五六句写女子独守空闺之苦；七八句用今昔对比之法，写出昔日丈夫在家时欢娱嫌夜短，如今自己孤单寂寞，倍感夜长难耐；末两句直抒胸臆，点出自己的伤心之情，既表达了对爱人的思念，又不隐瞒自己的感情，读来令人同情。

后一首写游子（丈夫）思念在家中的妻子，似乎与前一首相映衬。前首诗妻子的思绪在闺房中展开，此首丈夫的感情却在旷野中抒发，他游目四野，见到香花美草，想采摘下来，但佳人（此处指妻子）不在身边，采下来又送给谁呢。“巢居知风寒，穴处识阴雨”是借物喻人，比喻在特定的生活环境中，人们对某些事物特别敏感。最后两句也是直抒胸臆，没经过离别之苦的人，哪里知道思念爱人的痛苦呢?

张华的诗以“妍冶”著称，与西晋诗坛的风气相一致，但这两首诗却写得相当清纯，在其文集中是较为出色的。

晋·潘岳[1]

内顾[2]诗二首

静居怀所欢，登城望四泽。
春草郁青青，桑柘何奕奕。
芳林振朱荣，绿水激素石。
初征冰未泮[3]，忽焉袗絺绤[4]。
漫漫三千里，迢迢远行客。
驰情恋朱颜，寸荫过盈尺。
夜愁极清晨，朝悲终日夕。
山川信悠永，愿言良弗获。
引领讯归云，沉思不可释。

独悲安所慕，人生若朝露。
绵邈寄绝域，眷恋想平素。
尔情既来追，我心亦还顾。
形体隔不达，精爽[5]交中路。

不见山上松，隆冬不易故。
不见陵边柏，岁寒守一度[⑥]。
无谓希是疏，在远分弥固[⑦]。

注释

①潘岳（247—300）：字安仁，西晋荥阳中牟（今河南中牟）人。幼号神童，长大后与陆机并为西晋文坛领袖，诗赋俱佳，官至黄门侍郎，因谋诛赵王司马伦，事泄被杀，有明人所辑《潘黄门集》存世。

②内顾：在外时对妻子的思念。《汉书·杨仆传》“失期内顾”《注》：“内顾，言思妻妾也。”

③泮：溶解，融化，分离。

④袗絺绤：穿单衣。袗（zhěn）：单衣。絺（chī）：细葛布。绤（xì）：粗葛布。

⑤精爽：精神。

⑥“岁寒”句：《论语·子罕》“岁寒，然后知松柏之后凋也”，是赞美人的节操，此借用其意，说自己对爱情忠贞不渝。

⑦“在远”句：曹植《赠白马王彪》“在远分日亲”，是说兄弟相距愈远，感情就愈加浓郁。此用其意，指夫妻感情因远别而益深。

评析

潘岳十岁时为杨巍所赏识，后杨巍以女妻之。潘岳夫妻感情极为深厚，妻子去世，他曾作《悼亡诗》三首，成为千古名作。这两首诗是潘岳在河阳、怀县等地做官时思念妻子而作。前一首说自己安居以后，思念妻子，故登城楼遣怀，看到春机勃发，想到自己离家日久，路途遥远，思念妻子，朝夕愁苦，但山川阻隔，自己的心情无法传递。第二首主要写由人生短促想到夫妻分离之悲，“尔情既来追，我心亦还顾”，以比较质朴的语言，写出夫妻间的深情。诗人说：虽然我们形体无法会面，精神却是相通的。诗的最后写夫妻二人的爱情地久天长，牢不可破。作为一位封建士大夫，敢于在诗中袒露胸臆，表达对妻子的思念之情，也是难能可贵的。前人说“潘才如江”，指其文采华丽、多用典故等，但此诗是真情流露，故能绝去雕饰。

晋·陆机[1]

为顾彦先赠妇[2]二首

辞家远行游，悠悠三千里。
京洛多风尘，素衣化为缁。
修身悼忧苦，感念同怀子。
隆思乱心曲，沉欢滞不起。
欢沉难克兴，心乱谁为理。
愿假归鸿翼，翻飞浙江汜。

东南有思妇，长叹充幽闼。
借问叹何为，佳人眇天末。
游宦久不归，山川修且阔。
形影参商乖[3]，音息旷不达。
离合非有常，譬彼弦与筈[4]。
愿保金石躯，慰妾长饥渴。

注 释

①陆机（261—303），字士衡，西晋吴郡（今江苏苏州）人，祖逊父抗，皆东吴名将。吴时为官，吴亡后，先闭门读书，后被征入洛阳，参与政治活动。八王之乱中，任司马颖前将军，兵败受谗，被司马颖所杀。亦为西晋文坛领袖，与潘岳齐名，有《陆机集》。

②顾荣，字彦先，吴人，为尚书郎。这两首诗，前一首的主人是顾彦先，后一首当为其妻答词，故题目这样写是不对的，但从《文选》以来即如此，故仍从之。“为某某作”或“代某某作”是当时的一种诗体，是诗人借诗中主人（如顾彦先）的口气作诗，或者说是代人作诗。

③参商乖：参（shēn）、商，二星名，不会同时出现在天空，彼出此没，永不相见。后人因以参商比喻人别离后相会之难。乖：违、离。

④弦与筈：弦，弓弦。筈（kuò），箭的末端。

评 析

这是陆机为友人顾彦先夫妇代作的两首诗。前一首的语气是顾彦先赠妇。他说自己远行数千里来京城为官，但是“京洛多风尘，素衣化为缁”，京城洛阳风尘很大，我的白衣服已被染成黑色，这实际上是喻指京城宦途艰险，这两句是陆机诗中的名句，并不断为后人引用，如宋人陈与义《和张矩臣水墨梅五首》即云：“相逢京洛还依旧，唯有缁尘满素衣”，被誉为“江西诗派”点铁成金的成功之作。因离家遥远，仕途不顺，顾彦先思念妻子，愁肠百结，恨不得身生双翼，飞回家乡。

第二首是其妻的答词。诗中主要写思妇的叹息，叹息的内容是山川遥远，夫妻远别、音信不达之苦，最后她真诚地希望丈夫能善保金石之躯，以图将来之会。

这两首诗虽是代人之作，感情却相当真挚，写出了普天下离别夫妇的共同心曲。

晋·王献之①

情人桃叶歌二首②

桃叶复桃叶，渡江不用楫③。
但渡无所苦，我自迎接汝。

桃叶复桃叶，桃叶连桃根。
相怜两乐事，独使我殷勤。

注 释

①王献之（344—386），字子敬，东晋会稽人，王羲之之子。少有盛名，善草隶。初为州主簿，又任秘书郎，谢安请之为长史。历官建威将军、吴兴太守、中书令，卒于官。

②情人桃叶歌：这是王献之写给他爱妾桃叶的诗。《古今乐录》："《桃叶歌》者，晋王子敬之所作也。桃叶，子敬妾名，缘于笃爱，所以歌之。"

③不用楫：张敦颐《六朝事迹》："不用楫者，谓横波急也。"

评 析

这是王献之写给他的爱妾桃叶的诗。前一首说请桃叶大胆渡江，献之去迎接她，表达了欢迎与爱意。第二首写两人相逢，无限欢乐，而男方尤为主动，故云“相怜两乐事，独使我殷勤”。据《乐府诗集》引《古今乐录》，此组诗还有一首，是王献之用桃叶的口吻写的答词。诗云：“桃叶映红花，无风自婀娜。春花映何限，感郎独采我。”则从女方的角度表达二人爱情的深厚。王献之与桃叶的爱情诗及本事，成为后代诗文中常用的典故之一，是与诗中清新、动人而真挚的描写分不开的。

南朝齐·吴迈远[1]

拟乐府·长相思

晨有行路客，依依造门端。
人马风尘色，知从河塞还。
时我有同栖，结宦游邯郸。
将不异客子，分饥复共寒。
烦君尺帛书[2]，寸心从此殚。
遣妾长憔悴，岂复歌笑颜。
檐隐千霜树，庭枯十载兰。
经春不举袖，秋落宁复看。
一见愿道意，君门已九关。
虞卿弃相印，担簦为同欢[3]。
闺阴欲早霜，何事空盘桓。

注 释

①吴迈远（？—474），刘宋时人。有诗才而自负，受宋明帝召见，未蒙赏识。任荆州刺史、桂阳王刘休范从事，宋后废帝永徽二年（474），休范叛攻朝廷，迈远为休范作檄文，休范败，迈远被族诛。

②尺帛书：《汉书》：常惠让汉朝使者告诉单于，汉天子在上林苑射猎，射得一只大雁，雁足上系有尺帛，写道苏武等在某泽中，单于不得已，将苏武放还。后以尺帛书作为书信的代称。

③“虞卿”二句：《史记》：“虞卿蹑跻担簦说孝成王，再见，为赵上卿，故曰虞卿。”注：笠有柄者谓之簦。《史记》又载：虞卿以齐魏之故，不重万户卿相之印，与魏齐间行，卒去赵，困于梁。

评 析

六朝文人常常摹拟汉乐府的格调，此即其一，宋人郭茂倩《乐府诗集》录《长相思》古诗云：“客从远方来，遗我一书札。上言长相思，下言久别离。”诗的主旨是相思离别之苦，主人公为女性。吴迈远的拟作在这两点上都承袭了原作，但描写更为复杂，感情更为丰富曲折，有文人化的倾向，由此可见民歌与文人诗的区别。

此诗按时间顺序描写，丈夫远行，妻子将他送到门外，然后展开漫长的思绪，她想到丈夫游宦在外，风尘仆仆，自己恨不得与其共饥寒。然后写自己在家苦苦等待，“庭枯十载兰”，说明丈夫出门已达十年（这当然是约数），最后借典故说明丈夫仕宦未必顺利，还是早日还家，与自己（妻子）团聚吧。

此诗写“长相思”的“长”字上颇为传神，写出思绪之长，路程之长，时间之长，从而深化了主题。

南朝齐·王融[1]

古意二首

游禽暮知反，行人独不归。
坐销芳草气，空度明月辉。
嚬[2]容入朝镜，思泪点春衣。
巫山[3]彩云没，淇上[4]绿条稀。
待君竟不至，秋雁双双飞。

霜气下孟津，秋风度函谷。
念君凄已寒，当轩卷罗縠[5]。
纤手废裁缝，曲鬓罢膏沐[6]。
千里不相闻，寸心郁氛氲[7]。
况复飞萤夜，木叶乱纷纷。

注 释

①王融（467—493），字元长，南齐琅邪临沂（今山东临沂）人。齐武帝时，累官至中书郎。武帝病危，融谋立竟陵王萧子良为帝，未成。齐废帝郁林王即位，融被下狱，赐死。事迹具见《南齐书》卷四七本传及《南史》卷二一《王弘传》后，有集十卷，已佚，今存诗七十六首。

②嚬：通颦，皱眉。

③巫山：山名，在四川巫山县东，即巫峡。宋玉《高唐赋》记楚襄王游云梦台馆，望高唐宫观，言先王（怀王）梦与巫山神女相会。神女临别时说："妾在巫山之阳，高丘之阻。旦为朝云，暮为行雨。朝朝暮暮，阳台之下。"故后世称男女幽会为巫山云雨，此诗即用其义。

④淇上：淇水（在今河南省北部）之滨，古代情人送别之地。《诗·鄘风·桑中》："期我乎桑中，要我乎上宫，送我乎淇之上矣。"

⑤卷罗縠（hú）：将罗縠，亦即绸缎之类的衣料展开，准备为丈夫缝制衣服。

⑥罢膏沐：指无心化妆、打扮。《诗·卫风·伯兮》："自伯之东，首如飞蓬。岂无膏沐，谁适为容？"

⑦郁氛氲：郁指抑郁，痛苦之情；氛氲，盛、多的样子。此写女主人公心情极为沉重，似乎被压得喘不过气来。

评 析

诗题一作《和王友德元古意二首》，王德元，南齐尚书令王晏子，官晋安王友，建武四年（497）明帝诛王晏，德元与其兄同时遇害。

这两首诗都写闺中佳人的相思之情。

第一首从时令上看，是从春写到秋。开头是即物生情。游禽尚且知返，游子却不思归，定下了全诗的基调。"坐销"二句说春光无限美好，青春少妇如花似玉，却在空等中消磨殆尽。“嚬容”二句，写佳人极度相思的愁苦之状：愁眉不展、容色无光，思念之极，不觉泪下沾衣。“巫山”二句借助典故，写佳期难再、爱人不归的痛苦。“待君”二句写秋雁双飞，游子未返，佳人形单影只、孤独寂寞的情怀。

第二首则专就秋末时的情事落笔。深秋时分，霜重风寒，佳人思念丈夫，更为他的寒冷而担忧，所以亲手为他缝制冬衣，但缝着缝着，又思绪万千，自己因思念亲人而无心梳妆，亲人远在千里之外，音讯未通，即使缝好罗衣，也无法寄送，想到此处，女主人公的心情不禁十分沉重。诗的末尾“况复飞萤夜，木叶乱纷纷”二句，则是借景物来烘托思妇的纷乱无主、凄凉寂寞之情。

这两首诗是王融诗中的名篇，唐朝时留学中国的日本僧人遍照金刚在其《文镜秘府论》中评价“游禽暮知反”一首“缘情宛密”，“霜气下孟津”一首“使气飞动”，“可谓五言之警策”，评价相当中肯。

西洲曲[1]

忆梅下西洲[2]，折梅寄江北。
单衫杏子红，双鬓鸦雏[3]色。
西洲在何处？两桨桥头渡。
日暮伯劳[4]飞，风吹乌臼树。

树下即门前，门中露翠钿[5]。
开门郎不至，出门采红莲。
采莲南塘秋，莲花过人头。
低头弄莲子，莲子青如水。

置莲怀袖中，莲心彻底红[6]。
忆郎郎不至，仰首望飞鸿[7]。
鸿飞满西洲，望郎上青楼[8]。
楼高望不见，尽日栏杆头。
栏杆十二曲，垂手明如玉。

卷帘天自高，海水摇空绿。

海水梦悠悠，君⑨愁我亦愁。

南风知我意，吹梦到西洲。

注 释

①《西洲曲》：这首诗《乐府诗集》列于杂曲，作古辞。原来是长江流域的民歌，字句当已经过文人的修饰。

②"忆梅"句：下，落。落梅季节是诗中男女共同纪念的时节。西洲：地名，未详所在。

③鸦雏：小鸭。

④伯劳：鸣禽的一种，仲夏时始鸣。

⑤翠钿：用翠玉制作或镶嵌的首饰。

⑥莲心：隐喻"怜心"，即相爱之心。彻底红：红到内部。这句是双关。

⑦望飞鸿：借指望书信，古人有鸿雁传书之说。

⑧青楼：女子所居之楼，与后世以"青楼"指妓院者不同。

⑨君：指在江北的所欢（所爱的人）。

评 析

这是一首广为传诵的佳作。明人钟惺《古诗归》说它"声情摇曳而纡回"，清人沈德潜《古诗源》说它"摇曳无穷，情味愈出"，都很有见地。

这首诗四句一意，写一位女子对情人的相思。开头说女子回忆梅落西洲，二人会面时那种值得纪念的情景，便寄一枝梅花给现在居于江北的所欢（所爱的人），来唤起他类似的回忆。接下来写女子一年到头，从早到晚，无时无刻不刻骨铭心的相思之情，并且希望能到西洲与爱人会面，但这一愿望很难实现。

这首诗以长江中游明丽的风光为背景，衬托水乡青年在采莲季节的生活和情思，用富有暗示性的诗句和欲断还连的结构，表现主人公一往情深而又无法明言的心理活动，在音节上也是回环往复，摇曳生姿，这些艺术上的成功，都有助于相思之情的表达。其写采莲的名句“采莲南塘秋，莲花过人头。低头弄莲子，莲子青如水”，曾被朱自清先生引入其名作《荷塘月色》，足见此诗深长的艺术魅力。

南朝梁·徐悱[1]

赠内[2]

日暮想青阳，蹑履出椒房[3]。
网虫生锦荐，游尘掩玉床。
不见可怜影，空余黼帐香。
彼美[4]情多乐，挟瑟坐高堂。
岂忘离忧者，向隅[5]心独伤。
聊因一书札，以代九回肠[6]。

注　释

①徐悱（？—524），梁东海郯（今山东郯城）人，徐勉次子。初任著作佐郎，后任太子舍人、洗马、中舍人，以足疾出为湘东王友，迁晋安内史，卒。今存诗四首。

②赠内：即赠给妻子。古代称妻妾为内，丈夫为外，今天仍以“内子”“外子”称妻子和丈夫。

③椒房：本指后妃所居，此指自己居住的地方。

④彼美：那位佳人，指歌妓。

⑤向隅：向隅而泣，对着墙角哭泣，表示伤心，语见《韩诗外传》。

⑥九回肠：司马迁《报任安书》："是以肠一日而九回"，即今所谓"愁肠百结"之意。

评 析

这是徐悱寄给其妻刘令娴的诗篇。徐悱原在京城任职，后出官为晋安（今福建福州）内史，其妻仍留居都城建康（今江苏南京），这首诗及徐悱的另一首诗《对房前桃树咏佳期赠内》，即作于此时。

诗的开头两句说自己在日暮时寂寞无聊，走出屋门。青阳，既可指春天，又可指青春年华，此处兼取二义。下面四句写房中布满了蜘蛛网和灰尘，爱妻身影不可见，床帐上空留余香。接下来四句写虽有歌妓弹瑟作乐，我仍郁郁寡欢，终于向隅而泣。最后两句"聊因一书札，以代九回肠"，说自己在十分寂寞痛苦的情况下写了这封信，向妻子表达自己的心曲，点明"赠内"的主旨。

汉代秦嘉即曾作《赠妇诗》三首，其妻徐淑亦有答诗一首，文坛传为佳话。钟嵘评曰："夫妻事既可伤，文亦凄怨。"徐悱有赠内诗二首，其妻亦有答诗（见后），表达了浓厚的相思之情，同样是不可多得的写夫妇真情的佳作。

南朝梁·刘令娴[1]

答外诗二首（其一）

花庭[2]丽景斜，兰牖轻风度。
落日更新妆，开帘对春树。
鸣鹂叶中响，戏蝶花间骛。
调瑟本要欢，心愁不成趣。
良会诚非远，佳期今不遇。
欲知幽怨多，春闺深且暮。

注 释

①刘令娴：徐悱之妻，梁朝彭城（今江苏徐州）人。刘会女，刘孝绰妹。《南史·刘孝绰传》说，刘孝绰有三个妹妹，都有文才，嫁给徐悱的小妹刘三娘文尤清拔。徐悱为晋安内史，病卒，丧还建业，妻子写了一篇祭

文，辞甚凄怆。悱父徐勉，是著名文士，本来打算写一篇哀辞，见到刘令娴所作之后，就搁笔不写了。

②花庭：指家中花园。

评 析

这首诗前六句为一层，后六句为第二层，写出刘令娴由欢乐转为幽怨，又饱含期待的心情。第一层开头两句写庭园春景，风和日丽，衬托出女主人公的心情。三四句写她在日暮时分换上新妆，出门到花园中戏耍。五六句写其花间听鹂、扑蝶的活动，这六句景物明丽，情调欢快。第二层写其相思，她弹瑟本来是寻求欢乐，但因心中愁苦而感到毫无情趣，"良会诚非远，佳期今不遇"，点出愁的根源——爱人远行，虽说会面之期不远，但眼前却是牛郎织女天各一方，因此，最后两句直抒怨情："欲知幽怨多，春闺深且暮。"在春深日暮时分，令娴独守空闺，难免长吁短叹，满腹幽怨。春深日暮，既是写实，更是女诗人对青春易逝的慨叹，情与景融合得天衣无缝。

此诗的特点是由女性自己执笔来写闺怨，故能细致入微，这在当时很少见，对后世如李清照、朱淑真诸人也有直接影响。

唐·张若虚[1]

春江花月夜

春江潮水连海平，海上明月共潮生。
滟滟[2]随波千万里，何处春江无月明？
江流宛转绕芳甸[3]，月照花林皆似霰[4]。
空里流霜不觉飞，汀上白沙看不见。
江天一色无纤尘，皎皎空中孤月轮。
江畔何人初见月？江月何年初照人？
人生代代无穷已，江月年年只相似。
不知江月待何人，但见长江送流水。
白云一片去悠悠，青枫浦[5]上不胜愁。
谁家今夜扁舟子[6]，何处相思明月楼？
可怜楼上月徘徊，应照离人妆镜台。
玉户帘中卷不去，捣衣砧上拂还来[7]。
此时相望不相闻，愿逐月华流照君。

鸿雁长飞光不度，鱼龙潜跃水成文⑧。
昨夜闲潭⑨梦落花，可怜春半不还家。
江水流春去欲尽，江潭落月复西斜。
斜月沉沉藏海雾，碣石潇湘无限路⑩。
不知乘月几人归，落月摇情⑪满江树。

注 释

①张若虚：大约生活在公元七世纪中叶至八世纪初叶，生卒年不详，是扬州人，曾经做过兖州（今山东省兖州市）兵曹，是初唐后期的著名诗人，唐中宗神龙年间已扬名于上都，唐玄宗开元初与贺知章、张旭、包融并称“吴中四士”。他的作品流传至今的只有两首，一首为《代答闺梦还》，另一首就是本诗。

②滟（yàn）滟：水流动闪光的样子。

③芳甸：遍生花草的郊野。

④似霰（xiàn）：犹似雪。霰：雪珠。

⑤青枫浦：地名，在今湖南省浏阳境内。

⑥扁舟子：乘着小船的客子。

⑦“玉户”二句：大意是说月色带着离愁渗进思妇心头，无法排遣。

⑧“鸿雁”二句：古代传说鸿雁和鱼都能给人捎信，但现在鱼雁远行，无法给思妇带信。

⑨闲潭：闲静的水边。

⑩“碣石”句：碣石，山名，在今河北省乐亭西南。潇湘：湖南境内的两条河流，在零陵县西会合后，合称潇湘。诗中以碣石代表北方，游子所在；以潇湘代表南方，思妇所居。

⑪摇情：落月的余晖摇荡着树影，象征着离人思绪的波动。

评 析

《春江花月夜》是乐府旧题，相传是陈后主所创，是一首艳丽的宫体诗，后来隋炀帝曾仿作，以写景为主。张若虚虽用乐府旧题，所写题材也不新鲜，却能推陈出新，表现出新的情趣，开拓出新的意境，使这首诗成为千古绝唱。此诗以明丽的形象与轻快的节奏将游子思妇的离愁放到春江月夜的背景上加以描绘，良辰美景更衬托出离愁之苦。诗中通过江、月与人生之对比，显示出宇宙无穷而人生短暂，告诉人们这样一个哲理：由于人生短促，离愁就更加痛苦，人间的团聚，尤其是夫妻间的团聚就愈益可贵，人们应抓住时间的车轮，尽情享受青春。这首诗展示了大自然绚丽的景色，表现了对青春年华的珍惜和对美好生活的向往，诗中虽有感伤，却并不颓废。

在艺术上，这首诗非常成功。一是紧扣题目“春江花月夜”来落墨，全诗通过描写月、江与其他事物的纵横联系，作为抒情写景的线索。二是既吸收了乐府民歌的某些技巧，又作了进一步加工。此诗借鉴了南朝乐府《西洲曲》中“顶针”“设问”等手法，并有意重复某些字句，显示出二者之间的渊源。但此诗比《西洲曲》更为华丽，多用偶句，很像九首七言绝句的组合，体现了文人诗的特点。

唐·沈佺期①

杂诗②

闻道黄龙戍③，频年不解兵④。
可怜闺里月，长在汉家营⑤。
少妇今春意，良人昨夜情。
谁能将旗鼓⑥，一为取龙城⑦。

注 释

①沈佺期（?—713），字云卿，相州内黄（今河南省内黄县）人。高宗上元二年（675）进士。武后时累迁考功郎、给事中，因事被流放。中宗神龙（705—707）间召拜起居郎、修文馆直学士，历官中书舍人、太子少詹事，卒于开元初。

②本题共三首，都写闺中少妇与塞上征人相忆，本篇原列第三首。

③黄龙戍：唐时东北要塞，在今辽宁省开原县西北。

④频年：连年。解兵：罢兵、撤兵。

⑤"可怜"二句：用互文法，说闺中和营中同在一轮明月的照耀下。

⑥旗鼓：指军队。旗和鼓都是指挥军队进军的东西。

⑦龙城：匈奴的名城，此处借指敌方军事要塞。

评 析

这首诗是一首闺怨诗，也是一首有反战情绪的作品。首联交代背景，黄龙戍一带，战事连年不绝。颔联借月抒情，是说军营中和闺中同在一轮明月照耀之下。在征夫看来，这个昔日和妻子共同玩赏的月，不断地到营地照着他，好像怀着深情，的确可亲可恋。颈联继续写夫妇间的相思，所谓“今春意”，其实是年年的意，所谓“昨夜情”，其实是夜夜的情。双方的离情别意之中包含着一个共同的愿望，这就是尾联说的，“谁能将旗鼓，一为取龙城”，希望有良将带兵，一举攻克敌人老巢，使得边疆太平，夫妻自然可以团圆。这首诗对征人之久戍有所讽怨，但语气非常委婉。

古意呈乔补阙知之①

卢家少妇郁金堂②，海燕双栖玳瑁梁③。

九月寒砧催木叶，十年征戍忆辽阳④。

白狼河⑤北音书断，丹凤⑥城南秋夜长。

谁为含愁独不见，更教明月照流黄⑦。

注 释

①这是拟古乐府之作，所以题为“古意”。《乐府诗集》收入《杂曲歌辞》，题作《独不见》。补阙：掌讽谏的官员。乔知之在武后朝为补阙，后

被武承嗣杀害。

②"卢家"句：乐府古辞《河中之水歌》："十五嫁为卢家妇，十六生儿字阿侯。"后人因以"卢家妇"作为少妇的代称。郁金：植物名，是一种珍贵的香料。郁金堂：堂中燃着郁金之香。《河中之水歌》又有句云："卢家兰室桂为梁，中有郁金苏合香"，为其所本。

③玳瑁：一种海龟，龟甲黑黄相间。玳瑁梁：屋梁涂成玳瑁色。

④辽阳：泛指辽东地区，即今辽宁省一带。

⑤白狼河：古称白狼水，即今辽宁省的大凌河。

⑥丹凤：相传秦穆公的女儿弄玉吹箫引凤，凤凰飞临咸阳城，故以"丹凤"为城名。后人称京城为凤城，此诗中指长安。

⑦流黄：黄紫间色的绢，可能是少妇所捣的衣服，也可能是室内的帏帐等饰物。

评 析

这首诗以缠绵委婉的笔调，描写女主人公在深秋九月时分，身处富贵荣华之中，但内心十分空虚，因为她思念着征戍辽阳十年不归的丈夫。全诗情致宛转，色彩富丽，音调和谐，是初唐七律的杰出作品，这首诗标志着七言诗的律化已达到成熟阶段。

"卢家少妇"二句，先写闺中少妇居处之华贵，接着以海燕双栖在用玳瑁作装饰的屋梁上，来反衬少妇的孤独。她虽身处富贵，但孤独难耐。"九月"二句即点明其孤独的原因，丈夫征戍辽阳，已有十个年头（这也是举其成数），时当深秋，少妇的愁绪自然更深。"白狼"二句写丈夫音讯断绝，思妇夜不能寐，故觉秋夜格外漫长。"谁为"二句点题：因为独处孤居，不能与丈夫相见，而无情的明月，偏又不知趣地来照着流黄，因而更引起她的相思之意。

唐·李白①

春思

燕草如碧丝，秦桑低绿枝。
当君怀归日，是妾断肠时。
春风不相识，何事入罗帏？

注　释

①李白（701—762），字太白，号青莲居士。祖籍陇西成纪（今甘肃秦安东），其先隋末流寓碎叶，李白即生于此地。幼时随父迁居蜀中，二十五岁离蜀，漫游各地，天宝初供奉翰林，不久受谗，离开长安。安史乱中，因从李璘，被流放，遇赦还，晚年困居安徽当涂，病卒。李白是唐代大诗人，有《李太白集》。

评　析

本篇写丈夫远戍到了燕地，妻子留居秦中，妻子对着春天景物思念远人，想象远人也正在想家。“燕草”二句是说当丈夫远行所在的燕地青草才发幼芽、细嫩如丝时，妻子所居的秦地的桑叶已经长得把树枝都压得低垂了。这两句以气候不同形容两地相距之远，这也是唐人常用手法，年代稍早于李白的张敬忠《边词》绝句云：“五原春色旧来迟，二月垂杨未挂丝。即今河畔冰开日，正是长安花落时。”用的就是这一手法。“当君”二句，承上二句说，两地春天的到来虽有迟早之不同，而春光逗引人的相思却是一样的。“春风”二句用晋朝民歌《子夜四时歌·春歌》：“春风复多情，吹我罗裳开。”李白用“不相识”“何事”等反诘语气，更见天真活泼。

这首小诗由思妇自己断肠，想到丈夫也必然怀归。末二句反用民歌语意，暗示自己对爱情的忠贞。前四句对起，一二句景，三四句情，三应一，四应二，五六从二四出。诗只短短六句，结构却错综入妙。

长相思

长相思，在长安。

络纬[①]秋啼金井阑，微霜凄凄簟色寒。

孤灯不明思欲绝，卷帷望月空长叹。

美人如花隔云端，上有青冥[②]之高天，下有渌水[③]之波澜。

天长路远魂飞苦，梦魂不到关山难[④]。

长相思，摧心肝。

注 释

①络纬：虫名，俗称纺织娘。

②青冥：形容极高极远的天。

③渌水：清澈见底的水。

④关山难：指道路艰险难行。

评 析

《长相思》是乐府《杂曲歌辞》旧题，现存歌辞多写思妇之情。梁、陈诗人陈后主、徐陵、江总诸人的仿作，往往以“长相思”发端，李白这首诗沿用这个格式，内容写男子征戍在边塞，怀念在长安的妻子（美人），与古题有所不同，而且这首诗还可能有某种寓意。前六句为第一层，是诗中的男主人公悬想在长安的妻子冷清寂寞的情状及因长相思而长叹的种种情事。“美人如花隔云端”为过渡句，以男子口吻想象妻子之美丽，但可惜路途遥远，可望而不可即。以下六句为第二层，男子远在边关，无法回到亲人身边，甚至连魂梦也难到，极写相思之苦，故以“长相思，摧心肝”作结。

这首诗有可能是李白被排挤出长安后回想往事之作，故诗中主人公怀念长安的美人，可能寄寓着李白怀念长安政治生活的理想，但这种寓意并不十分明显，在若有若无之间，须细加体会。

唐·李商隐①

房中曲②

蔷薇泣幽素③，翠带花钱④小。

娇郎痴若云，抱日西帘晓。

枕是龙宫石，割得秋波色。

玉簟失柔肤，但见蒙罗碧⑤。

忆得前年春，未语含悲辛。

归来已不见，锦瑟长于人。

今日涧底松，明日山头蘗⑥。

愁到天地翻，相看不相识。

注释

①李商隐（812—858），字义山，号玉谿生，原籍怀州河内，迁居荥阳（今河南郑州），晚唐大诗人。他的一生仕途不顺，诗歌才华却得到尽情的展现。现存诗约六百首。

②房中曲：乐府曲名，《旧唐书·音乐志》说，平调、清调、瑟调都是周朝

房中曲的遗声。

③幽素：给人以幽冷感觉的淡色花朵。

④花钱：圆而小的花瓣。

⑤罗碧：翠被。

⑥蘖（bò）：即黄蘖，中药名，味苦。山头蘖，由《古乐府》“黄蘖向春生，苦心随日长”化出，形容辛苦至极。

评 析

唐宣宗大中五年（851），李商隐妻王氏卒，本篇是他从徐州幕府归来，睹物思人，写下的一首情真意切的悼亡诗。诗的开头四句写帘外的蔷薇在泣露，帘内的孤儿在痴睡，扣题而起。接下来四句写枕、席，抒发物是人非之悲。“忆得”四句由忆昔而更增眼前之悲。最后四句主要写身世的悲慨。

这首诗的前半由室外写到室内，从空间方面着笔；后半由眼前追忆往昔，瞻望未来，是从时间方面落墨，用幽艳的语言写深切的悲痛，表达了万般感慨与沉痛的心情。

无题四首（选二）

来是空言去绝踪，月斜楼上五更钟。
梦为远别啼难唤，书被催成墨未浓。
蜡照半笼金翡翠[①]，麝熏微度绣芙蓉。
刘郎[②]已恨蓬山远，更隔蓬山一万重。

飒飒东风细雨来，芙蓉塘外有轻雷。
金蟾啮锁烧香入③，玉虎牵丝汲井回④。
贾氏窥帘韩掾少⑤，宓妃留枕魏王才⑥。
春心莫共花争发，一寸相思一寸灰！

注 释

①蜡照：烛光。笼：罩。金翡翠：用金线绣成翡翠鸟图案的帷帐。

②刘郎：汉武帝刘彻与传说中同阮肇入天台山采药遇到仙女的刘晨均可称“刘郎”，此诗似指刘晨。

③金蟾（chán）：一种蛤蟆形状的香炉。锁：指香炉的鼻纽，可以开闭，放入香料。

④玉虎：用玉石装饰的虎状辘轳。丝：井索。

⑤“贾氏”句：《世说新语》载：晋人韩寿貌美，大臣贾充辟为僚属，有一次，贾充的女儿在门帘后窥见韩寿，私相慕悦，二人私通。贾女以皇帝赐充的异香赠韩寿，故其事被贾充发觉，遂以女妻寿。

⑥“宓妃”句：宓（fú）妃本指洛水女神，此借指曹丕妻甄氏。此句说，甄妃托梦给曹植，赠给他一个枕头，是钦羡曹植的才华。

评 析

这两首《无题》诗均以写相思为主。“来是空言”首写一位男子对一位远隔天涯的女子的思念。全诗围绕“梦”来写“远别”，用逆叙法，先从梦醒时的情景写起。“来是”二句说当初远别时情人曾有重来的期约，结果只是空言，一去之后便无影无踪；夜来入梦，忽得相见，醒来后，只见斜月空照，远处传来报晓的钟声。“梦为”二句说二人在梦中远别悲极而呜咽，哭不出声来，梦醒之后，为相思之情所催，急切地给情人写信，这才发现墨还未磨好。“蜡照”二句，上句以实境为梦境，下句以梦境为实境，写错觉与幻觉，抒发人去楼空、余香仍在的感慨。“刘郎”二句是幻梦消失后的浩叹，表现出与爱人会合的希望极为渺茫。“飒飒东风”首写一位深闺女子对爱情的追求和希望幻灭的痛苦。首联纯用景物烘托，暗点内心的期待。颔联既是实写，又含比兴，明写室内外环境与景物，暗寓孤寂中时时被牵动的情思，运用了隐喻、谐音等手法。腹联连用两个典故，结局不同，但两位女性大胆执着地追求爱情的精神则相同，可视为主人公的内心独白。末联炽热激烈，显示出久受压抑的痛苦心灵中郁积的总爆发。

这两首都像纯粹的爱情诗，但悲剧气氛浓郁，似与诗人的悲剧身世、悲剧心理有关，读者须细加玩味。

菩萨蛮①

枕前发尽千般愿，要休②且待青山烂。
水面秤锤③浮，直待黄河彻底枯。

白日参辰④现，北斗回南面。
休即未能休，且待三更见日头⑤。

注 释

①这是一首《敦煌曲子词》。“敦煌曲子词”是公元1899年从敦煌莫高窟发现的大量文物中的一部分。敦煌曲子词以语言朴质生动、多用口语、能合乐歌唱、声韵自由为特点。

②休：罢休，双方断绝关系。

③秤锤：即秤砣，是铁制的，不可能浮在水面。

④参（shēn）辰：两星名。参星在西方，辰星（即商星）在东方，参、辰在天空中不可能同时出现。

⑤最末二句承上而来，说：即使青山烂、秤锤浮、黄河枯、白日见星、北斗南移，我还是不肯变心，除非半夜见到太阳，才有罢休的可能，这是进一步强调其海枯石烂不变心的态度。

评 析

这是一首别有风味的民间词，格调、章法全学《汉乐府·上邪》，作者在连用五个绝不可能见到的事物作比喻之后，进一步说，即使上述情况出现，我还是不能与他决裂，必须等到三更天见到太阳，这当然就更不可能出现。此词比《上邪》文词更通俗，感情也更炽烈，显然受到《上邪》之影响。

唐·温庭筠[①]

梦江南

梳洗罢，独倚望江楼。

过尽千帆皆不是，斜晖脉脉[②]水悠悠。

肠断白蘋洲[③]。

注 释

①温庭筠（812—？），本名岐，字飞卿，太原祁（今山西省）人。才华甚高，因傲视权贵而屡试不第，只做过县尉、国子助教之类的小官。他是晚唐第一位大量写词的文人，五代时赵崇祚编《花间集》，以温庭筠为首，后人称温为“花间鼻祖”。其词语言秾丽，严于格律，对后世文人词有深远影响。

②脉脉：含情欲吐，这里用来形容夕阳余晖使人留恋。

③白蘋洲：江中小土堆，附近长满白蘋（一种草）。这里指送别之地。这一句的意思是，看到送别的地方，真令人肝肠断裂。

评 析

这首词写一位思妇在江楼终日盼望归人的心情。首句用“梳洗”点明盼望的时间始于清晨，“罢”字写她刚一梳洗完毕就去倚楼而望。“独倚”写其独自盼望，“望江楼”点明盼望时所在之处及所望之目标。“过尽千帆皆不是”写她由盼望到失望的过程。每一船靠近，她都以为是亲人归来，马上又发现不是，这一次次的重复，加重了她内心的痛苦，这一句也暗示她等待时间之长，故下句紧接“斜晖脉脉水悠悠”，斜晖指傍晚，表明她倚楼独盼已经一整天了。如此痴心等待，见到的只是千帆过尽以及斜阳与悠悠不尽的长江水，她当然不能不“肠断白蘋洲”了。“肠断”二字水到渠成地描绘出其痛苦之状。全词从“望”字着笔，读此词，面前呈现出一位独倚江楼终日苦盼的思妇形象，她的神态、心理及其眼中的景物，皆历历在目。此词运用白描手法，达到感人的艺术效果，这在温词中是少见的。

唐·韦庄①

思帝乡

春日游，杏花吹满头。
陌上谁家年少足风流。
妾拟将身嫁与[2]，一生休[3]。
纵被无情弃[4]，不能羞[5]。

注 释

①韦庄（836—910），字端己，杜陵（今陕西西安）人。唐昭宗乾宁元年（894）进士，为校书郎。王建称帝后，仕蜀，官至宰相。他工诗能词，其词与温庭筠齐名，号称温韦，为“花间”派代表作家。有《浣花集》。

②嫁与：嫁给他。

③一生休：一生就这样算了，即一生都会感到幸福美满。

④无情：指无情义之人。此句是说纵使被薄情郎所抛弃。

⑤不能羞：不以为羞，不感到羞耻。

评 析

这是一首爱情词，写得很有特色。一位女孩子在春游时看上了一个风流倜傥的少年，便痴心地想嫁给他，觉着这是她一生最大的愿望。她还设想，嫁给他之后，即使被他无情地抛弃，她也不感到羞愧，并不后悔。写得非常天真、大胆。

五代·冯延巳[1]

谒金门

风乍[2]起，吹皱一池春水。
闲引鸳鸯芳径里，手挼[3]红杏蕊。

斗鸭栏干[4]独倚，碧玉搔头斜坠[5]。
终日望君君不至，举头闻鹊喜[6]。

注 释

①冯延巳（903—960），字正中，广陵（今江苏扬州）人。南唐中主时，官至中书侍郎左仆射同平章事（宰相）。他的词对宋初欧阳修等词人有一定影响。词集名《阳春集》。

②乍：忽然。

③挼（nuó）：用手摩娑搓揉。

④斗鸭栏干：《三国志·吴书·陆逊传》载："时建昌侯虑于堂前作斗鸭栏，颇施小巧。"古代民间有以鸭相斗为嬉，众人围而观之。

⑤搔头：簪子。斜坠：往下坠，形容无心梳妆。

⑥鹊喜：古时有灵鹊报喜之说。敦煌诗亦云："正见庭前双鹊喜，君在塞外远征回。"（《阿曹婆》）

评 析

这首词为我们塑造了一位上层社会的思妇形象，作者用富有特征的文字刻画了女主人公复杂的心态及其变化过程，并且通过景物描写和人物外表的描绘，进一步渲染、烘托了女主人公心灵深处的细微变化。词中写人物的种种活动都是为了突出她"望君君不至"的心情。词的开头写池水皱碧使她心头撩乱不安，"闲引""手挼""独倚"三个动作及"碧玉搔头斜坠"，刻画出她外表安宁实则烦闷不堪的神态。最后写出她整日盼望，终于失望以及听到鹊声又生希望的一系列活动，可以说细致传神。"举头闻鹊喜"一句，在一连串的失望之后，忽然转入希望，真为生花妙笔。

此词为冯延巳的代表作，马令《南唐书·党与传》记载"延巳有'风乍起，吹皱一池春水'之句，皆为警策。元宗尝戏延巳曰：'吹皱一池春水，干卿何事？'延巳曰：'未如陛下"小楼吹彻玉笙寒"。'元宗悦。"元宗即南唐中主李璟，元宗对冯词的评价，有人认为是批评，即认为"吹皱一池春水"喻朝政不平，似嫌牵强。有人说元宗是在赞赏冯词，冯反过来举元宗"小楼吹彻玉笙寒"来赞之，二人互相欣赏，则近是。

五代·李璟[1]

摊破浣溪沙

菡萏[2]香销翠叶残，西风愁起绿波间。
还与韶光[3]共憔悴，不堪看。

细雨梦回鸡塞[4]远，小楼吹彻玉笙寒。
多少泪珠何限恨，倚阑干。

注 释

①李璟（916—961），初名景通，南唐烈祖李昪的长子，习惯上被称为南唐中主。由于受到北周的威胁，将国都从金陵迁到南昌。在位十九年。

②菡萏（hàn dàn）：荷花。

③韶光：美好的时光。

④鸡塞：即鸡鹿塞。《汉书·匈奴传》：“送单于出朔方鸡鹿塞。”塞在今陕西横山县西。这里泛指塞外。

评 析

这是一首悲秋怀念远行的丈夫的闺怨词。上片对景抒情，荷花落尽，香气消散，翠叶凋残，西风从绿波中吹过，令人愁闷。前两句写景，下两句直抒在此景下思妇的情怀：深秋时分，韶光与佳人共同憔悴，已不忍卒睹。下半阕写怀念远人。女主人公在睡梦中到边关寻找亲人，梦醒时，但见细雨迷蒙，更增凄凉之感。长夜难眠，佳人吹彻玉笙，表达怀念远人的心情。最后两句写思妇以泪洗面，独倚栏杆，打发这漫漫长夜。

这首词名气很大，"细雨"二句从小楼联想到塞外，从入梦写到梦醒，意境阔大，感慨深沉，不同于一般的闺怨之作，故曾受到宋人王安石的称赏。近人王国维《人间词话》则欣赏"菡萏香销"二句，认为其"大有'众芳芜秽，美人迟暮'之感"，即认为这两句有寄托，亦颇有见地。

宋·朱淑真①

元夜②

火烛银花③触目红，揭天鼓吹闹春风④。
新欢入手愁忙里，旧事惊心忆梦中。
但愿暂成人缱绻⑤，不妨常任⑥月朦胧。
赏灯那得工夫醉，未必明年此会同！

注　释

①朱淑真：钱塘人，公元1170前后在世。她是南宋有名的女诗人、词人，嫁给一个粗俗的商人，很不满意。其作品多写个人爱情生活的幽怨，情调哀伤。

②元夜：元宵节，农历正月十五日。

③火烛银花：形容花灯焰火光芒四射的热闹场景，唐人苏味道诗："火树银花合"，此用其意。

④揭天：冲天。鼓吹：吹打的音乐声。

⑤缱绻（qiǎn quǎn）：感情好得离不开。

⑥任：听凭。

评 析

这首诗写一对情人在元宵佳节相会的复杂感受。首联“火烛”二句，写元宵节灯火灿烂、歌声震天的热闹景象，为全诗提供了背景。“新欢”二句说在愁里和忙中得到新的欢乐（指相会）真是来之不易，而不管在回忆中还是睡梦里，这刻骨的相思，都令人惊心动魄。“但愿”二句说：但愿二人暂时能在一起，享受这难得的相聚之欢，即使月色朦胧，影响游玩，也没什么妨碍。极言双方皆极珍惜这次团圆。诗的末二句说：这次的会见如此难得，哪有工夫去赏灯喝酒，因为明年元宵未必再能相见了。

诗中所写的一对恋人，或许是暗中相恋，未经父母许可，或许一方或双方已有家室，不可能公开相会。故借此次赏灯的机会互吐衷肠，以慰渴慕。因此，他们既高兴又忧愁。高兴的是得到一个相见的良机，忧愁的是佳节过后，二人亦将分别，后会又难以预期。故二人非常珍惜这次机会，无心去赏灯赏月。

宋·寇准[1]

踏莎行

春色将阑[2]，莺声渐老[3]。红英落尽青梅小。
画堂人静雨濛濛，屏山[4]半掩余香袅。

密约沉沉[5]，离情杳杳[6]。菱花尘满慵将照[7]。
倚楼无语欲销魂[8]，长空黯淡连芳草。

注 释

①寇准（961—1023），字平仲，华州下邽（今陕西省渭南县）人。宋太宗时进士，真宗时官至宰相，封莱国公。后被谗遭贬，任雷州司户。著有《巴东集》。

②阑：晚、尽之意。这句说春光即将逝去。

③“莺声”句：说黄莺的鸣声不如初春时动听。

④屏山：屏风。

⑤沉沉：长久。此句说二人私订的约会遥遥无实现之期。

⑥杳杳：悠远。此句指分别之后深藏内心、缠绵不断的相思情意。

⑦菱花：指镜子。古时铜镜背面常铸成菱形图案。慵将照：懒得拿起镜子来照。将：拿。
⑧销魂：销亦可作“消”。销魂是说人受到刺激后若有所失，好像魂将离体，形容悲痛、愁苦的心情。

评 析

寇准的词今存四首，都是伤时惜别之作，而且都写得情致缠绵。本篇即景写相思之情，主人公为女性。上片是描绘暮春季节，微雨濛濛、寂寥无人的景象。“春色”三句写春意阑珊，从莺啼声渐老及红英（红花）落尽着笔。“画堂”二句由景过渡到写人，画堂人静，并非无人，而只是人懒得行动而已，屏山句亦写女主人公百无聊赖、日长难度之状。下片写两人别后音讯不通，闺中少妇寂寞难耐，任凭菱镜尘满，也无心梳妆，最后两句写少妇独自靠在高楼上远眺，但见春草遍地，一直延伸到灰蒙蒙的天边，想到不知何日才能与爱人相会，其悲苦之情，难以用语言表达。《四库全书总目提要》称寇准的诗歌“含思凄婉，绰有晚唐之致”，亦可用来评这首词。

宋·晏几道①

临江仙

梦后楼台高锁，酒醒帘幕低垂。

去年春恨却来时②，落花人独立，微雨燕双飞③。

记得小苹④初见，两重心字罗衣⑤，琵琶弦上说相思。

当时明月在，曾照彩云归。

注 释

①晏几道：生卒年不详，字叔原，号小山，晏殊幼子。他生长富贵之家，但鄙视功名，生平落魄，是北宋较出色的婉约词人。其词集名《小山集》。

②“去年”句：回忆去年此时的欢乐，如今回想起来，空遗无限怅恨。

③“落花”两句套用五代人翁宏的《春残》诗：“又是春残也，如何出翠帏；落花人独立，微雨燕双飞。”

④小苹：歌女名。

⑤心字罗衣：指衣领屈曲如心字。一说指心字香，以前说为妥。

评 析

这首词是晏几道的代表作。“梦后”两句，起首即写梦后酒醒，但见楼锁帘垂，暗示去年此时楼台上帘幕高卷、欢歌笑语的热闹景象，为下文的“春恨”埋下伏笔。“去年春恨却来时”承上启下，写人去楼空，男主人公（当即作者本人）怅惘不已，因而自然引出对往事欢情的回忆。写荷花微雨是状春天，而人独立、燕双飞是衬托离恨。下片追想初见意中人小苹时的情景，小苹穿着两重心字罗衣，弹着琵琶，表达出相思之情。可是，琵琶惯弹别离曲，明月曾照彩云归，作者睹物思人，衬托出眼前月在人去的孤寂之感与相思之情。全词曲折婉丽，情致缠绵。

宋·苏轼①

水龙吟·次韵章质夫杨花词②

似花还似非花，也无人惜从教坠。
抛家傍路，思量却是，无情有思③。
萦损柔肠，困酣④娇眼，欲开还闭。
梦随风万里，寻郎去处，又还被、莺呼起⑤。

不恨此花飞尽，恨西园、落红难缀。
晓来雨过，遗踪⑥何在，一池萍碎⑦。
春色三分，二分尘土，一分流水⑧。
细看来，不是杨花，点点是，离人泪⑨。

注　释

①苏轼（1036—1101），字子瞻，自号东坡居士，眉州眉山（今四川眉山）人。宋仁宗嘉祐二年进士，著名文学家，诗、文、词、书、画皆达到第一流水平。其词能突破“花间”婉约风格的束缚，而且具有鲜明的个性特征。

他是“豪放”词派的开创者，其词又有多样化的特点。

②次韵：依照别人原来词的用韵作诗作词答和，并且连用韵次序也相同，叫作“次韵”或“步韵”。章质夫，名楶（jié），苏轼友人。

③有思（sì）：有意。

④困酣：困倦得很。

⑤“梦随”三句用唐人金昌绪《春怨》诗意：“打起黄莺儿，莫教枝上啼。啼时惊妾梦，不得到辽西。”

⑥遗踪：遗下的踪迹，指雨后的杨花。

⑦萍碎：苏轼自注说：“杨花落水为浮萍，验之信然。”实际上杨花落入池中，只是看起来像浮萍一样。

⑧“春色”三句：春色指杨花。“二分尘土”，应上文“抛家傍路”，指杨花有三分之二落在路旁；一分流水，说杨花三分之一浮在水面。

⑨离人泪：唐人诗：“君看陌上梅花红，尽是离人眼中血。”此用其意。

评 析

元祐二年（1087）正月章质夫在京，四月离京，章质夫写作此词当在四月份之前，这时苏轼在翰林学士任上，和词亦当作于此时。章质夫的原词云：“燕忙莺懒花残，正堤上、柳花飘坠。轻花点画青林，谁道全无才思。闲趁游丝，静临深院，日长门闭。傍珠帘散漫，垂垂欲下，依前被，风扶起。　　兰帐玉人睡觉，怪春衣，雪沾琼缀。绣床渐满，香毬无数，才圆却碎。时见蜂儿，仰粘轻粉，鱼吞池水。望章台路杳，金鞍游荡，有盈盈泪。”章词上片写杨花，主要以风作媒介，写尽杨花情态。下片点玉人，从玉人眼中看杨花，末三句点出佳人因丈夫在外游荡不归而起的悲哀之情，写得相当不错。而苏轼的这首词，作为和作，却能不落原作窠臼，自出新意，以至于王国维说东坡此词“和韵而似原唱”。这首词的主要特点就是清人沈谦《填词杂说》所说的“直是言情，非复赋物”。词的开头“似花还似非花，也无人惜从教坠”，是写杨花之平凡、普通，无人爱惜，故随风飘落。“抛家傍路，思量却是，无情有思”三句，写杨花离枝坠地、飘荡无归的情状，“无情有思”，已见拟人之痕迹。接下来“萦损柔肠”三句，紧承“有思”而来，明写思妇，暗写杨花。“梦随风万里”数句也是思妇与杨花合写。下片转入思妇抒情。“不恨此花飞尽”，是思妇借目睹杨花飞尽而惜春。“晓来雨过”三句，询问杨花遗踪，是痴心人语，也是妙语。“春色三分”三句，写杨花归于尘土与流水，也是写思妇的春恨。最后三句为点睛之笔：“细看来不是杨花，点点是，离人泪”，点明相思之情。整首词写得不即不离，明咏杨花，实咏思妇，情景浑然一体。

青玉案

凌波不过横塘路。但目送、芳尘去。

锦瑟华年谁与度。月桥花院，琐窗朱户，只有春知处。

飞云冉冉蘅皋暮[②]，彩笔新题断肠句[③]。

试问闲愁都几许[④]，一川[⑤]烟草，满城风絮[⑥]，梅子黄时雨。

注 释

①贺铸（1052—1125），字方回，原籍山阴（今浙江绍兴），生长于卫州（今河南卫辉）。少年时傲视权贵、博学多才，任武官、吏职，后转为文官，任泗州通判。晚年退居苏州横塘，自号庆湖遗老。词集名《东山寓声乐府》。

②冉冉：流动貌。蘅皋：长着香草的沼泽。

③彩笔：南朝人江淹曾梦见郭璞向他索取彩笔，江从怀中取出五色笔还他，后来作诗就无美句，人称江郎才尽。这句是说因美人不至而提笔抒怀，空有销魂断肠之句。

④都几许：共有多少。

⑤一川：一片平原。

⑥风絮：随风飘舞的柳絮。

评 析

据《吴中纪闻》记载，贺铸有小筑（别墅之类）在盘门之南十余里，地名横塘，贺铸往来其间，常作《青玉案》词。这首词是贺铸的代表作，《竹坡诗话》云："贺方回尝作《青玉案》词，有'梅子黄时雨'之句，人皆服其工，士大夫谓之'贺梅子'。"

这首词以华丽的词藻抒写"望美人兮不来"的闲愁。上片写美人去后，词人感到异常空虚，有虚度年华之感，词人眼中的月桥花院、琐窗朱户，似乎都蒙上了一层灰暗的色彩，词人只有寄希望于姗姗来迟的春天。词的下片写春日迟暮，美人仍望而不至。暮春时分，碧云冉冉，美人出现的希望更加渺茫，故词人提笔写下断肠伤心的诗句，并且最终发出"闲愁"有多少（都几许）的疑问。末尾三句，是回答"试问闲愁都几许"的提问的。这三句写的都是横塘路上常见的景物，都足以引起"锦瑟华年"的感慨。"一川烟草"是二三月间景物，"满城风絮"是三四月间景致，"梅子黄时雨"是四五月间光景，总的来说是写闲愁之多及时间之长，从修辞格上看，这三句用的是"博喻"的手法。

宋人黄庭坚对此词十分欣赏，作诗寄贺铸云："解道江南断肠句，只今惟有贺方回。"（《寄方回》）罗大经《鹤林玉露》卷七则通过对唐宋诗词中写"愁"的比较，肯定词的末三句，他说："诗家有以山喻愁者，杜少陵云'忧端如山来（按当作"忧端齐终南"），澒洞不可掇'，赵嘏云'夕阳楼上山重叠，未抵闲愁一倍多'是也。有以水喻愁者，李颀云'请量东海水，看取浅深愁'，李后主云‘问君能有几多愁？恰似一江春水向东流’，秦少游云‘落红万点愁如海’是也。贺方回云：‘试（一作若）问闲愁（一作情）都几许？一川烟草，满城风絮，梅子黄时雨。’盖以三者比愁之多也，尤为新奇；兼兴中有比，意味更长。”的确，贺铸这三句写愁，意象丰富，比喻贴切，能后来居上。

宋·秦观[①]

鹊桥仙[②]

纤云弄巧[③]，飞星传恨[④]，银汉迢迢暗度[⑤]。
金风玉露一相逢[⑥]，便胜却人间无数。

柔情似水，佳期如梦，忍顾鹊桥[⑦]归路。
两情若是久长时，又岂在、朝朝暮暮。

注 释

①秦观（1049—1100），字太虚，后改字少游，江苏高邮人。神宗元丰八年进士，任秘书省正字等职，后因与苏轼交好而获罪被贬，遇赦放还途中病逝。为“苏门四学士”之一，是北宋著名的婉约词人。

②这首词写七夕牛郎织女相会之事。宗懔《荆楚岁时记》：“七月七日世谓织女牵牛聚会之日，是夕陈瓜果于庭中，以乞巧。”

③“纤云”句说纤薄的云彩，变化多端，翻出许多细巧的花样。

④飞星：指牵牛、织女两星。这句说牵牛、织女两星怅恨终年不得相会。

⑤银汉：银河。这句说他们渡过迢迢的银河来相会。

⑥“金风”句：金风，秋风。玉露，秋露。此句说他们七夕相会。

⑦忍顾：怎么忍心回顾。鹊桥：传说喜鹊在天河上搭成长桥，供二人相会时通过。

评 析

牛郎织女的故事自汉魏以来就广泛流传，到当代黄梅戏《天仙配》将这一爱情悲剧发展到高潮。宋人秦观的这首《鹊桥仙》词却能借题发挥，独出心裁地通过这首词表达了自己对爱情独特的看法，对牛郎织女真挚的、地久天长的爱情作了热情的歌颂。

词的开头两句说纤云变化无穷，似乎为牛、女二星传达着离恨。“银汉迢迢暗度”，是说二人渡过银河上鸟儿专为他们搭起的鹊桥来相会。在金风玉露、秋高气爽之时，他们一夜相会，便胜过人间无数次团圆。词的上片是在七夕时仰望天空的所见所感。下片前二句“柔情似水，佳期如梦”，写尽二人的恩爱缠绵却又高洁脱俗，“忍顾鹊桥归路”，是说如此良辰美景，良宵易逝，他们怎忍心分别呢？最后两句将词的意境提高一步：“两情若是久长时，又岂在朝朝暮暮！”这既是对牛郎织女的安慰之词，又是对他们纯洁爱情的赞扬，更表达出一种豁达的爱情观，使得此词成为千古绝唱。

瑞龙吟

章台路[2]，还见褪粉梅梢[3]，试花桃树[4]。愔愔[5]坊陌人家，定巢燕子，归来旧处。

黯凝伫，因念个人[6]痴小，乍窥门户。侵晨浅约宫黄[7]，障风[8]映袖，盈盈笑语。

前度刘郎[9]重到，访邻寻里，同时歌舞。惟有旧家秋娘[10]，声价如故。吟笺赋笔，犹记燕台句[11]。知谁伴，名园露饮[12]，东城闲步。事与孤鸿去[13]，探春尽是，伤离意绪。官柳低金缕。归骑晚、纤纤池塘飞雨。断肠院落，一帘风絮。

注释

①周邦彦（1057—1121），字美成，自号清真居士，钱塘（今浙江杭州）人。神宗初，因献《汴都赋》被召为太学正，徽宗朝任朝廷音乐中心机构大晟府的提举官。他博览群书，精通音律，被称为集大成的词人，有《片玉集》。

②章台路：汉代长安市中有章台街。唐人许尧佐《柳氏传》记诗人韩翃与妓女柳氏故事，韩寄柳词中有“章台柳”之句，后人因以章台指妓女聚居之所。

③褪粉梅梢：枝头梅花凋落。

④试花：花刚开。

⑤愔（yīn）愔：安静的样子。

⑥个人：那人。

⑦浅约宫黄：轻施黄粉。

⑧障风：以扇挡风。

⑨刘郎：唐诗人刘禹锡，刘禹锡从贬地被召回长安，作《再游玄都观》绝句：“种桃道士知何处，前度刘郎今又来。”这里以刘郎自喻。

⑩秋娘：杜秋娘，唐代金陵著名歌妓，后沦落风尘，杜牧有《杜秋娘诗（并序）》。

⑪燕台句：唐李商隐《赠柳枝》诗：“长吟远下燕台句，惟有花香染未消。”这里指行者当时赠给恋人的诗句。

⑫露饮：露顶（光着头）饮酒，表示放达。

⑬事与孤鸿去：指人事的变迁。杜牧《题安州浮云寺楼寄湖州张郎中》诗：“恨如春草多，事与孤鸿去。”

评 析

这首词共三叠。第一叠写作者重游章台旧地，以“还见”引起睹物思人的无穷感慨，最后两句写燕子已经回到旧居，而自己欲归旧处却不可得，只能徘徊于章台旧路上。第二叠由物是人非、黯然神伤转入追念昔日的恋人。描写当初相见时的情景，“个人痴小”写其娇小玲珑之态，“障风映袖”写其含羞之态，“盈盈笑语”则写其开心、欢愉之状。第三叠回到眼前，写旧时的邻居尚在，而恋人已经远去，往事如烟，思之不禁无限怅然。“事与孤鸿去，探春尽是，伤离思绪”三句，点出主题，以下写佳人既已无法寻访到，那么只有独自归去，这里用凄迷的春景，来衬托作者无尽的相思。

这首词作于绍圣四年（1097），这年春天，词人仕溧水县令任满之后抵达京师，任国子监主簿。从元祐二年（1087）离京至此，已经过去了整整十年。十年后重来京华，词人不胜今昔之感，写下了这首词。词的内容主要是“侧艳”，即唐人崔护《题城南庄》“去年今日此门中，人面桃花相映红。人面不知何处去，桃花依旧笑春风”之意。但也有人说，此词含有某种政治寄托，如明人李攀龙云：“此词负才抱志，不得于君，流落无聊，故托以自况”（《草堂诗余隽》引），则似无根据，因为周邦彦此时毕竟由外任回到京师，境遇变得比从前好一些了。

此词的艺术技巧，前辈则评价甚高，俞平伯先生《清真词释》释此词云：“清真词立意分明，安章停妥，复以细笔衬之，故‘愈勾勒愈浑厚’。”又评其“自然沉著”，用“逆挽法”等等，均为知言。

宋·李清照①

一剪梅

红藕香残玉簟②秋。

轻解罗裳，独上兰舟。

云中谁寄锦书③来，

雁字④回时，月满西楼。

花自飘零水自流。

一种相思，两处闲愁。

此情无计可消除，

才下眉头，又上心头。

注 释

①李清照（1084—？），号易安居士，济南人。著名女词人，身处南北宋之交，南渡前生活幸福美满，南渡后备尝颠沛流离之苦，晚年流落异乡，无

依无靠。词集名《漱玉集》。

②玉簟：光滑如玉的席子。

③锦书：书信的美称。

④雁字：指雁群飞行时排列成“一”字或“人”字形。秋天雁回，相传雁能传书，所以“谁寄锦书”之后说“雁字回时”。

评 析

赵明诚与李清照夫妇，是才子与才女的完美结合，在中国文学史上是非常著名的。元人伊世珍《琅嬛记》卷中云：“赵明诚幼时，其父将为择妇。明诚昼寝，梦诵一书，觉来惟忆三句云：‘言与司合，安上已脱，芝芙草拔。’以告其父。其父为解曰：‘汝待得能文词妇也。言与司合是词字，安上已脱是女字，芝芙草拔是之夫二字，非谓汝为词女之夫乎？’后李翁以女妻之，即易安也，果有文章。易安结褵未久，明诚即负笈远游，易安殊不忍别，觅锦帕书《一剪梅》词以送之。”当然，这则故事并非事实，明诚昼寝，梦见自己为“词女之夫”，显出附会，且二人结婚时，双方父母家均住在东京，明诚正为太学生，未曾负笈远游（即到外地求学），这则故事无非在暗示人们，清照与赵明诚是天生的一对而已。

词的起句“红藕香残玉簟秋”为全篇统帅，梁绍壬评为“有吞梅嚼雪、不食人间烟火气象”（《两般秋雨庵随笔》），红藕香残为户外之景，玉簟秋乃室内之景。当秋凉时分，清照乘舟游玩，“独上”二字，暗寓离别。“云中”句，写对丈夫的思念。“雁字回时，月满西楼”，则说只见雁阵归来，明诚却音讯全无。词的换头“花自飘零水自流”句，写落花流水皆无情，无法理解自己的愁苦，同时此句写花之飘零，又暗含自己青春消逝之悲。“一种相思，两处闲愁”，说自己与丈夫，彼此都在思念对方。唐人罗邺《雁》诗“江南江北多离别，忍报年年两地愁”，韩偓《青春》诗“樱桃花谢梨花发，肠断青春两处愁”，皆可能启发了李清照。“此情无计可消除，才下眉头，又上心头”，是词的结拍，范仲淹《御街行》“都来此事，眉间心上，无计相回避”为李清照所本，而又青出于蓝而胜于蓝。

这首词明白如话，不假雕饰，却能写出两地相思之苦，李清照自写的少妇心态尤为传神，的确不愧为杰作。

醉花阴

薄雾浓云愁永昼①，瑞脑消金兽②。
佳节又重阳③，玉枕纱厨，半夜凉初透。

东篱④把酒黄昏后，有暗香⑤盈袖。
莫道不消魂，帘卷西风，人比黄花瘦。

注　释

①永昼：长日。

②金兽：兽形的铜香炉。

③重阳：节令名，农历九月初九，古人有重阳登高饮酒避邪的习惯。

④东篱：采菊之地，语出陶渊明《饮酒》：“采菊东篱下，悠然见南山。”

⑤暗香：幽香，本指梅花，语出宋初诗人林逋《山园小梅》诗：“疏影横斜水清浅，暗香浮动月黄昏。”此处借以形容菊花。

评 析

这首词又题作“重阳”或“九日”。关于这首词，有一个脍炙人口的故事：李清照与丈夫赵明诚结婚后，夫妻十分恩爱，不久，明诚到外地为官，易安写了这首词函寄给他，明诚叹赏，自愧弗如，但又不甘心，务欲超过妻子。于是，他闭门谢客、废寝忘食三天三夜，共作了五十首《醉花阴》词，与清照这一首混杂在一起，请他的朋友陆德夫欣赏、品评，德夫玩味再三，说：“只三句绝佳。”明诚问他是哪三句，答曰：“莫道不消魂，帘卷西风，人比黄花瘦。”正是李清照词的末三句。这个故事反映了赵、李夫妇生活的高雅情趣及易安不让须眉的文才。

词的开头，描写一系列美好的景物，美好的环境，在这一环境中，词人焚香独坐，愁绪万端，这个“愁”，是夫妇分离，清照思念丈夫的愁。“佳节又重阳”，点明作词的时间，指出离愁的特殊性——节日的离愁，读到这里，我们自然会想到王维那首著名的《九月九日忆山东兄弟》中“每逢佳节倍思亲”的描写。“玉枕”二句写词人独卧深闺、夜不能寐之苦。下片“东篱”二句是说，傍晚时分，词人在菊花圃里饮酒赏花，满身都是菊花的幽香。词的末尾三句将自己与秋菊相比，突出其因相思而瘦损的形象。

这首词紧扣重阳落笔，通过特定的景物、情事来抒情。“愁”字贯串全词，最后归结为“瘦”，瘦是愁的结果，词人分几层写愁，线索很清楚。词的上片泛写由昼至夜的愁绪，下片突出重点，深入一层，专就重阳赏菊一事展开联想，抒写情怀。词的结尾三句写得极妙，词中通过层层铺垫、蓄势，最后逼出了主句“人比黄花瘦”。同时，又即景取譬，妙合天然，就眼前所赏之菊与人对比，非常自然、天成。明人王世贞《弇州山人词评》曰："词内'人瘦也，比梅花，瘦几分'（按：见宋人程垓《摊破江城子》词），又'天还知道，和天也瘦'（按：见宋人秦观《水龙吟》词），又'莫道不消魂，帘卷西风，人比黄花瘦'，三'瘦'字俱妙。"说得很有道理，而易安词之"瘦"字，似乎又独领风骚。

鹧鸪天·元夕有所梦

肥水[2]东流无尽期，当初不合种相思[3]。
梦中未比丹青[4]见，暗里忽惊山鸟啼。

春未绿，鬓先丝。人间别久不成悲[5]。
谁教岁岁红莲[6]夜，两处沉吟各自知。

注释

①姜夔（约1155—约1221），字尧章，自号白石道人，鄱阳（今江西省内）人。他少年时以擅长诗词著称，且又深通音律，能自创新声，工于翰墨，精于鉴赏，为南宋著名词人，词集名《白石词》。

②肥水：源出安徽合肥西部紫蓬山，北流三十里分为二，一入巢湖，一经寿州入淮河。

③种相思：种下相思之情。

④丹青：画像。

⑤“人间”句：此句说离别时间长了，反倒逐渐麻木，感不到悲哀，是极为

沉痛的话。

⑥红莲：指灯。

评 析

姜夔青年时代在合肥曾经有过一段情遇，所恋对象大约是姊妹二人。在长期浪迹江湖中，他写了一系列深切怀念对方的词作，宋宁宗庆元三年（1197）元夕之夜，他做了一个重见往日情人的梦，醒来后写下此词，此年，上距合肥初遇情人时已经二十余年了。

首句以肥水兴起，“肥水东流无尽期”，不仅交代了发生这段情缘的地点，更引起词人有关合肥情遇的一系列回忆，次句“当初不合种相思”，埋怨当时不该有此情遇，但实际上是正话反说，表明合肥情遇至今也令他难以忘怀。三四句“梦中未比丹青见，暗里忽惊山鸟啼。”切题“有所梦”，分写梦中情形与醒后景况。换头“春未绿”，切时令“元夕”，“鬓先丝”说自己因长久漂泊而年华老大。接下来词人写道：“人间别久不成悲”，这一句包含着深沉的痛苦与饱经沧桑的人生体验。“谁教岁岁红莲夜，两处沉吟各自知”，这里红莲夜指元宵灯节，红莲是指元宵的花灯，这大约是在回忆往日相会相爱的时间、地点，写得韵味悠长。

这首词以清刚之笔写刻骨铭心的相思，别具情韵，词的境界空灵缥缈，很少具体情景的描写，以抒情为主，令人玩味不尽。

踏莎行

自沔[①]东来，丁未[②]元日至金陵，江上感梦而作

燕燕轻盈，莺莺娇软[③]，分明又向华胥[④]见。
夜长争得薄情知，春初早被相思染。

别后书辞，别时针线。离魂渐逐郎行[⑤]远。
淮南皓月冷千山，冥冥[⑥]归去无人管。

注 释

①沔：唐、宋时州名，即今湖北省武汉市。
②丁未：宋孝宗淳熙十四年（1187）。
③燕燕、莺莺：指作者所恋的女子，当是勾栏中的姐妹二人。
④华胥：传说中的国名。《列子·黄帝》："（黄帝）昼寝，而梦游于华胥之国。"后因此将华胥作为梦境的代称。
⑤郎行（háng）：情郎身边。
⑥冥冥：暗中，指深夜。

评 析

这也是一首梦中怀念合肥情人的词。作于淳熙十四年丁未（1187），去年（1186）冬，姜夔随其妻子的叔叔萧德藻（千岩老人）离开湘鄂往湖州，沿长江东下，此时经过金陵（南京），词中所写的淮南，即合肥，这首词是翘望合肥之作。

"燕燕轻盈，莺莺娇软"，是写梦中所见两位情人的娇姿。

“莺莺燕燕”连用，本苏轼《张子野年八十五尚闻买妾述古令作诗》：“诗人老去莺莺在，公子归来燕燕忙。”这里是借用，从称呼中流露出卿卿我我的缠绵之情。同时，这两句不仅写意中人体态轻盈如燕，声音娇软如莺，而且是互文见义。“分明又向华胥见”，点明梦境，这表明前两句写“莺、燕”是梦中所见，并紧扣“感梦”的主题。“夜长争得薄情知？春初早被相思染”，通过梦中情人的自述，来体贴对方的相思之情，实际上是从反面强调自己之深情。

过片“别后书辞、别时针线”是梦醒后的回忆，“书辞”指别后情人寄来的书信，“针线”是分别时情人所缝，如今书信、针线犹在，而情人不知在何方，境况如何，所以这两句虽是写物，却为情至之语。“离魂渐逐郎行远”，郎行，即郎身边，是当时口语。这一句说意中人的魂魄离开身体来到作者身边，写出情人的一片深情。结拍“淮南皓月冷千山，冥冥归去无人管”，写作者梦醒后想象情人魂魄归去的情景：在一片月冷星孤的气氛中，她就这样独自归去无人照管，一种怜香惜玉之情，溢于言表。这两句是姜白石词中的名句，著名学者王国维不喜欢姜夔的词，但对这两句却十分欣赏，其《人间词话》说：“白石之词，余所最爱者，亦仅二语，曰：‘淮南皓月冷千山，冥冥归去无人管。’”

这首词的主要特点就是人们常常称赞白石词的“以健笔写柔情”，莺莺、燕燕、轻盈、娇软，未免显得柔媚，儿女情长，英雄气短，而点明是梦境，则又化实为虚，转为清健之笔。“别后书辞”二句则是以淡笔写出深情，使其显示出“幽韵冷香”，既不同于欧阳修、柳永、秦观的婉约词，又不同于苏轼、辛弃疾一路的豪放词，而能独树一帜，别具一格。

宋·史达祖①

双双燕·咏燕

过春社②了，度③帘幕中间，去年尘冷。
差池④欲住，试入旧巢相并。
还相雕梁藻井⑤，又软语⑥、商量不定。
飘然快拂花梢，翠尾分开红影⑦。

芳径⑧，芹泥⑨雨润，爱贴地争飞，竞夸轻俊。
红楼归晚，看足柳昏花暝⑩。
应自栖香正稳，便忘了、天涯芳信。
愁损⑪翠黛双蛾，日日画阑独凭。

注 释

①史达祖（约1160—约1210）：字邦卿，号梅溪，汴（今河南开封）人，曾依附当时的权臣韩侂胄，韩被杀，史亦受黥刑。其词工巧清圆，长于咏物。有《梅溪词》一卷。

②春社：春分前后祭社神的日子叫春社。燕子在春社前后飞来江南一带。

③度：飞过。

④差（cī）池：指燕羽参差不齐。《诗经·燕燕》："燕燕于飞，差池其羽。"

⑤藻井：天花板。

⑥软语：指燕子在一起的呢喃声。

⑦红影：花影。

⑧芳径：花草芬芳的小径。

⑨芹泥：燕子所衔之泥。杜甫《徐步》诗："芹泥随燕嘴。"

⑩柳昏花暝：形容暮霭中花柳昏暗之状。

⑪愁损：愁坏。

评 析

这是一首借咏物来寄托相思之情的名作。史达祖的词在当时就很有名，张镃为其《梅溪词》作序云："生之作，辞情俱到，织绡泉底，去尘眼中，妥贴轻圆，特其余事……（其词）有瑰奇、警迈、清新、闲婉之长，而无佚荡污淫之失，端可以分镳清真（按：清真即周邦彦）、平睨方回（按：方回即贺铸），而纷纷三变（按：三变即柳永）行辈，几不足比数。"史达祖以作咏物词著名。这些词观察都很细致入微，又能体现词人的思想与情趣。由于其咏物词多作于韩侂胄当权时，这时宋王朝还有一定实力，所以他就不像王沂孙等人那样借咏物寄托哀怨之思，而是有着轻俊活泼的情调。在这首词中，词人用非常细腻的笔触，描绘了春燕归来时自由、轻快、美满的情态，艺术上的成功之处在于运用白描手法写出春燕的神态与感情，卓人月称此词"不写形而写神，不取事而取意，白描高手"（《古今词统》）。

开头几句写春燕归来，纯用人情拟物情，是很高妙的拟人手法。“过春社了，度帘幕中间，去年尘冷。”第一句点明时令，“春社”在春分前后，正是燕子从南方归来的大好季节。二三句写燕子估计到去年的旧巢已布满灰尘，一片冷清。清人谭献评云：“起处藏过一番感叹，为‘还’字，‘又’字张本。”（《词辨》）这感慨是燕子的感慨，一个“度”字，已传达出其神态，又似乎是帘幕中楼上少妇的感慨，从而为下文埋下伏笔。“差池欲住，试入旧巢相并”，写双燕上下盘旋，进入旧巢栖身，“还相雕梁藻井，又软语、商量不定”，写燕子呢喃之声，仿佛恋人间的软语温存，确实“尽态极妍”，情韵兼胜。“欲”字、“试”字、“还”字、“又”字四个虚字尤其妙，使这几句词灵活飞动。“飘然快拂花梢，翠尾分开红影”，写燕子的动态，咏物而兼顾其神。“芳径，芹泥雨润”，承上而来，交代燕子飞出的目的，是要衔泥筑巢。“芹泥”，指有花草香味的泥土，燕子筑巢时用，杜甫诗：“芹泥随燕嘴”，即是此意。“爱贴地争飞，竞夸轻俊”，主要在写春燕衔泥时比翼齐飞的欢快之情。“红楼归晚，看足柳昏花暝”，写双燕在春天的户外嬉戏到了傍黑之时，才恋恋不舍地回到“红楼”上，“红楼”二字，又暗点楼上孤独的思妇，承上启下，有草蛇灰线之妙。“应自栖香正稳，便忘了、天涯芳信”，这是楼中思妇的猜想之辞，思妇责备双燕只顾享双栖之乐，却忘记了交代远方行人（当指思妇的丈夫）托燕子捎来的书信。“愁损翠黛双蛾，日日画阑独凭”，写楼上思妇瘦损容仪，每日独凭画阑，有所期待又不断失望，而楼中思妇独处深闺的苦闷无聊，恰成燕子双飞双栖的有力反衬。

这首词极力写燕子之双飞双栖，其目的却是要烘托思妇的孤独之苦与思念之深，读者切不可因此词为咏物词而忽略其深情。

宋·吴文英①

风入松

听风听雨过清明，愁草瘗花铭②。
楼前绿暗分携③路，一丝柳、一寸柔情。
料峭④春寒中酒⑤，交加⑥晓梦啼莺。

西园日日扫林亭，依旧赏新晴。
黄蜂频扑秋千索，有当时、纤手香凝。
惆怅双鸳不到，幽阶一夜苔生⑦。

注释

①吴文英（1200—1260），字君特，号梦窗，晚号觉翁，四明（今浙江宁波）人。曾在苏州、浙江一带当幕客，是宋末“婉约派”的代表词人，有《梦窗甲乙丙丁稿》四卷传世。

②瘗（yì）：埋葬。铭：文体的一种，庾信有《瘗花铭》，此用其典。

③分携：分手。

④料峭：形容春天的寒冷。

⑤中（zhòng）酒：醉酒。

⑥交加：形容杂乱。

⑦“惆怅”二句：双鸳，指女子的绣鞋，这里兼指女子本人。双鸳不到，即佳人未来。幽阶苔生，指苔生石阶，遮住了上面的脚印。

评 析

这首词是作者怀念情人之作，唐圭璋先生《唐宋词简释》说是“此西园怀人之作”，是不错的。西园是吴文英住所的所在地，其词中屡屡提及之，如：“残蝉度曲，唱彻西园，也感红怨翠。”（《莺啼序·咏荷》）“往事一潸然，莫过西园。”（《浪淘沙》）“暮烟疏雨西园路，误秋娘浅约宫黄。”（《风入松·桂》）等等。西园地处西湖之畔，是吴文英与情人寓居之处与分手之地，此词亦以西园为背景，故陈洵《海绡说词》指明这首词的主旨是“思去妾也”。

这是一首情景交融的作品，是吴文英词中上乘之作，谭献评曰：“此是梦窗极经意词，有五季遗响。”首句的“清明”，点明时令。“听风听雨”，亦情亦景，物我交融。“瘗花”即葬花，是清明节风雨中发生的事情。葬花而为之作“铭”，足见其对花惋惜之深，他所亲手埋葬的，不仅仅是花，更包括已往的爱情。下面接写当“绿暗”（即春深）之时，处“楼前”分手（指与情人分手）之地，全篇的重心即在“分携”二字。“一丝柳、一寸柔情”，极伤离之别之情，极缠绵悱恻之致。元曲有云：“系春情短柳丝长”，脱胎于吴词而显得直露一些。“料峭”二句，再就目前情景申说一番，是说虽想借酒浇愁，而莺啼仍然惊梦。过片写在西园洒扫，是望情人复来，“依旧赏新晴”，即“人面桃花”之感，用意已经转折。此时作者痴心妄想，见秋千而想“纤手”，见黄蜂频扑而想其余香尚在，真是无理而妙。“双鸳不到”是写“分携”，且遥承“依旧”二字，点明题旨。加上“惆怅”二字，表明词人自存有一丝希望。“幽阶一夜苔生”，不怨美人不来，而只说台阶上“苔生”，前人评为“温厚”，此句似从庾肩吾《咏长信宫中草》“全由履迹沙，并欲上阶生”及李白《长干行》“门前迟行迹，一一生绿苔”二联点化而来，而更为蕴藉。

对镜写真[2]

千金画史托铅华[3]，难写春心半缕霞。
两面秋波随彩笔，一奁冰影对钿花[4]。
情怜晓月秦川雁，思逐朝阳汉树鸦。
不信云间望夫石[5]，解传颜色到君家。

注 释

①朱德润（1294—1365），字泽民，睢阳（今河南商丘南）人，后迁昆山。延祐末，因赵孟頫荐举，任国史编修，后任镇东行中书省儒学提举，因病辞职。他是元代著名画家，工山水人物，风格古朴清逸。诗文亦佳，但为画名所掩，有《存复斋集》。

②对镜写真：对镜自画像。

③“千金”句：宋人米芾撰《画史》一卷，品题历代名画，学画者奉为至宝。铅华：铅粉，可作颜料用。

④“一奁冰影”句：一奁冰影，指镜。钿花：金首饰。

⑤望夫石：民间传说，夫婿远游，其妻登山望夫归，久之，化为石。

评 析

这首诗的前四句写女子是一位画家，对镜自画倩影，曲尽情态。“千金”二句说米芾《画史》中记载了历代许多名画，但这些画都未能画出女子的“春心”。“两面”二句写女画家双眼的秋波随着彩笔挥洒，被画在纸上；镜中镜外美人如花，首饰熠熠生辉。诗的后句转入对丈夫的思念。“情怜”二句以秦川雁、汉树鸦喻指远行的夫婿，说自己的思绪朝朝暮暮皆飞向丈夫身边。末两句说女主人公不愿化作望夫石，只愿将自画的娇姿倩影送到丈夫身边，笔调相当清丽。

元·郭珏[1]

长相思

长相思，相思者谁？
自从送上马，夜夜愁空帏。
晓窥玉镜双蛾眉，怨君却是怜君时。
湖水浸秋藕花白，伤心落日鸳鸯飞。
为君种取女萝草[2]，寒藤长过青松枝。
为君护取珊瑚枕，啼痕灭尽生网丝。
人生有情甘白首，何乃不得长相随。
潇潇风雨，喔喔鸣鸡[3]。
相思者谁？梦寐见之。

注 释

①郭珏，又名钰，字彦章，号静思，吉水（今属江西）人。生活在元末明初的动乱时代，生活贫困，薪米不给，但终不肯应征入仕，年逾六十，贫死。其诗清丽有法，格律严整，抒写离乱穷愁之作，尤凄婉动人。有《静思集》。

②女萝草：一种攀援性植物，常攀附在松树上。古代多以之比喻妻子对丈夫的依附、爱恋关系。

③“潇潇”二句：取《诗·郑风·风雨》诗意，诗云：“风雨萧萧，鸡鸣胶胶。既见君子，云胡不瘳。”写女子与情郎重逢的欢乐。

评 析

此诗写女子思念丈夫，层深而委婉。第一层四句点明相思主题。第二层“晓窥”二句是怨恨、爱怜交加，心情颇为复杂。“湖水”二句为第三层，女子见鸳鸯双栖而自伤孤零。“为君种取”二句为第四层，因种女萝而思君，表达妻子对丈夫的依恋之情。“为君护取”四句为第五层，写因枕被弃而怨君，情愿与夫君相随。最后四句化用《诗经》语意，写风雨之夜梦君。层层深入，写尽思妇的九曲柔肠。

元·郑光祖①

〔双调〕折桂令·梦中作

半窗幽梦微茫，歌罢钱塘②，赋罢高唐③。
风入罗帏，爽入疏棂④，月照纱窗。
缥缈见梨花淡妆⑤，依稀闻兰麝余香。
唤起思量，待不思量，怎不思量！

注释

①郑光祖：字德辉，平阳襄陵（今山西临汾）人，做过杭州路使。他是元代后期著名的杂剧作家，钟嗣成《录鬼簿》说他“名闻天下，声彻闺阁”。他写过杂剧十八种，今存《倩女离魂》等八种。

②歌罢钱塘：用苏小小故事。苏小小为南齐钱塘名妓，《春渚记闻》一书记载她的《蝶恋花》词一首，词中有“妾本钱塘江上住，花落花开，不管流年度”的句子。

③赋罢高唐：战国时楚人宋玉作《高唐赋》，写楚襄王游高唐，梦中与巫山神女欢会事。

④疏棂（líng）：窗格大的窗户。

⑤“缥渺”句：白居易《长恨歌》：“玉容寂寞泪阑干，梨花一枝春带雨。”此处以梨花形容妇女的淡妆。

评 析

这支散曲写一位男子在梦中与情人幽会，醒来追忆之情事。“半窗幽梦微茫”，是写男主人公依稀进入梦乡，“歌罢钱塘”，是说女方唱着歌儿到来，也表示男子所爱恋的这位女子是一位歌妓、舞姬之类。“赋罢高唐”，是说二人之会，如同楚襄王与巫山神女之会，极尽人间欢娱之情。以上三句为一层，写入梦。下面五句写梦醒，为第二层。风儿吹进了罗帏，吹进了窗棂，也吹醒了男主人公的好梦，醒来但见月华如水，似乎见到那位淡妆的佳人，闻到她身上的兰麝余香。然而室迩人远，往事成空，怎不勾起男方无限相思，这就是最后一层三句表达的十分强烈的相思之情：“唤起思量，待不思量，怎不思量！”相思的烈火一旦被点燃，要想熄灭它，是无论如何也办不到的。这三句写得淋漓酣畅，而又水到渠成。

词的前两层文词古雅，文人气息很浓，末三句方见元散曲质朴、明快的本色，两方面结合得非常完美。

元·曾瑞①

〔南吕〕骂玉郎过感皇恩采茶歌②

[骂玉郎]无情杜宇闲淘气③，头直上耳根底，声声聒得人心碎。你怎知，我就里④，愁无际？

[感皇恩]帘幕低垂，重门深闭。曲阑边，雕檐外，画楼西。把春酲⑤唤起，将晓梦惊回。无明夜，闲聒噪，厮禁持⑥。

[采茶歌]我几曾离、这绣罗帏？没来由劝我道不如归！狂客江南正着迷，这声儿好去对俺那人啼。

注释

①曾瑞：字瑞卿，号褐夫，河北大兴人，后移居杭州。他“神采卓异”，“志不屈物”（《录鬼簿》语），优游市井。工画山水，有散曲集《诗酒余音》，已佚。

②骂玉郎过感皇恩采茶歌：南吕宫带过曲，由骂玉郎、感皇恩、采茶歌组成，它们都不能单独作小令。

③杜宇：即杜鹃。古代传说云：蜀王杜宇，号望帝，失帝位后死去，魂化为杜鹃，鸣声悲切，好像在说“不如归去”。

④就里：内心深处的原因。

⑤酲（chéng）：喝醉了酒神智不清的样子。

⑥厮：相。禁持：折磨，摆布。

评 析

这支小令写思妇相思之苦，很有特点。

曲子以女主人公骂杜鹃无休止的啼叫开始，点明时令为暮春，李白《闻王昌龄左迁龙标遥有此寄》诗即云“杨花落尽子规（即杜鹃、杜宇）啼”，故尔引起她无限的春愁。她责怪杜鹃“淘气”，是因为杜鹃的叫声吵得她心烦意乱，因为古人认为杜鹃的叫声意为“不如归去”，如今丈夫未归，杜鹃空啼，惹得她十分恼火，并直接与杜鹃对话，你哪里知道我的内心世界啊。她愁苦无边，只好放下帘幕，关闭重门，独自打发这无聊的日子。但即使如此，杜鹃的声音仍有极强的穿透力，曲栏边、雕檐外、画桥西，杜鹃的鸣声无处不在，无孔不入，将思妇的醉意唤醒，晓梦打断。女主人公彻夜难眠，愤怒地指责杜鹃说：你不要再叫了，不要再捉弄人了，你说“不如归去”，可我能归往何处呢，我的丈夫（即曲中的“狂客”）正在江南流连忘返（可能另有新人），你不如去对他多啼几声，劝他早早归来。

这支散曲以杜鹃的啼叫贯串始终，全篇采用女主人公与杜鹃对话的方式展开，新颖别致。语言自然通俗，是元曲“本色当行”的作品，故明人李开先《词谑》称之为“急并响亮，含有余不尽之意”。

元·周文质①

〔越调〕寨儿令·闺情

挑短檠②，倚云屏，伤心伴人清瘦影。
薄酒初醒，好梦难成，斜月为谁明？
闷恹恹听彻残更，意迟迟盼杀多情。
西风穿户冷，檐马③隔帘鸣。叮，疑是珮环声④。

注释

①周文质（？—1334）：字仲彬，本建德人，后定居杭州。家世业儒，曾做过路史，诗文书画兼擅，散曲多男女相思之作，风格清丽。

②短檠：短灯架，这里代指灯。

③檐马：悬于檐边的铁片，风吹则互相撞击，发出声响。

④珮环声：古人喜欢佩带玉环，每套佩环有好几块玉，走路时铿锵作响。

评 析

周文质的《寨儿令》共十首，均是歌咏爱情的。其中，凡是写女子相思者，多写恨男儿薄情；写男子相思者，则表现出一片痴情。本首正是后一种情况，或许融进了作者的生活经历。

“挑短檠，倚云屏，伤心伴人清瘦影。”短檠，指短灯架，是寒门所用，富人家则用“长檠”，这里暗示了男主人公寒士的身分，“倚云屏”即倚着、靠着屏风，这位男子点着昏暗的油灯，无情无绪地倚着屏风，伤心地看着自己灯下消瘦的身影，形影相吊，一片凄然，造成这种状况的原因当然是相思。故接下来写道：“薄酒初醒，好梦难成，斜月为谁明。”他思念情人，故借酒浇愁，酒醒之后，宛如梦幻，仍未能梦见情人，斜月虽明，却与自己无关，这正是用了“以乐景写哀”的手法。男主人公“闷恹恹听彻残更，意迟迟盼杀多情”，他一夜辗转反侧，听尽更声，仍无睡意，在内心深处，仍殷切地盼望情人到来。由于相思之切，听到檐边铁片因风吹发出的叮咛声，他也怀疑是情人的珮环之声，将男士的痴心，刻画得惟妙惟肖。

这支散曲通过人物的动作（如“挑”“倚”等）和人物的听觉来刻画人物的心理活动，描绘出入骨的相思与无奈，艺术上相当成功。

元·无名氏

〔中吕〕十二月过尧民歌·相思

［十二月］看看的相思病成，怕见的是八扇帏屏。
一扇儿双渐小卿①，一扇儿君瑞莺莺②；
一扇儿越娘背灯③，一扇儿煮海张生④。
［尧民歌］一扇儿桃源仙子遇刘晨⑤，
一扇儿崔怀玉逢着薛琼琼⑥；
一扇儿谢天香改嫁柳耆卿⑦，
一扇儿刘盼盼昧杀八官人⑧。
哎！天公，天公！教他对对成，偏俺合孤另！

注释

①双渐小卿：庐州妓女苏小卿爱上了书生双渐。双渐外出求学，小卿被鸨母卖给茶商冯魁。后几经周折，二人结为夫妻。

②君瑞莺莺：指张君瑞与崔莺莺的爱情故事，见元稹《莺莺传》、王实甫《西厢记》。

③越娘背灯：越娘乃越地女子，受辱后自缢于松林，鬼魂与杨舜俞初会时，面壁背灯不语，事见《青琐高议·越娘记》。

④煮海张生：指张生与龙女的神话故事，元人有《沙门岛张生煮海》杂剧演其事。

⑤桃源仙子遇刘晨：东汉刘晨、阮肇入山采药，遇仙女留住半年。

⑥崔怀玉逢着薛琼琼：少女薛琼琼清明游赏踏青，与崔怀玉相逢，情投意合，经乐供奉杨羔撮合，结成婚姻。

⑦谢天香改嫁柳耆卿：柳耆卿（永）与妓女谢天香热恋，不想进取功名，钱大尹把谢天香娶回家中，逼迫柳上京应考，及第后，让二人团圆，关汉卿有《钱大尹智宠谢天香》杂剧演其事。

⑧刘盼盼昧杀八官人：妓女刘盼盼沦落风尘，后与八官人结为夫妻，元人有杂剧《刘盼盼》演其事，今不传。

评　析

这支散曲咏八扇帏屏，每一扇都画着一则爱情故事，这些故事基本上都是元杂剧的曲目，女主人公或许是一位杂剧艺人，也有可能是家中有这八扇帏屏，因己之相思而泛咏之。曲中八个爱情故事，大都情真意切，且多终成眷属，是人间美满姻缘的代表。而曲中这位少女，却正害着相思病，所以她十分坦率地说："哎！天公！天公！教他对对成，偏俺合孤另！"画扇上的人儿，个个成双成对，相亲相爱，甜甜蜜蜜，可现实生活中的这位少女，却是正害着单相思，爱情方面毫无进展，不由得她愤愤不平，喊出了老天不公的话。此曲一扫古代诗文中少女娇羞扭捏的面貌，非常大胆、直露，这也是无名氏爱情散曲的共同特点。

明·冯梦龙[①]（辑）

山歌二首

郎有心，姐有心，罗怕[②]人多屋又深。
人多那有千只眼，屋深那有万重门。

不写情词不写诗，一方素帕寄心知[③]。
心知接了颠倒看[④]，横也丝来竖也丝[⑤]，这般心思有谁知？

注　释

①冯梦龙：明代文学家。他曾广泛收集明代民歌，编为《山歌》一书，此二首即选自该书。

②罗怕：哪怕。

③心知：知心人，情人。

④颠倒看：颠来倒去地看。

⑤丝：双关语，除了“横丝”“竖丝”的意思外，还有“横也是思”“竖也是思”的意思。

评 析

前一首山歌主要采用比喻手法，用“人多”“屋深”喻指封建礼教对真挚爱情的重重阻力与障碍。诗的中心意思是说，只要男女双方（郎与姐）真心相爱，各自有心，任何障碍都不可怕，千只眼的指责也好，万重门的阻隔也罢，都必将被炽热的爱情之火所熔化，男女主人公对爱情的追求是相当大胆、主动，不怕任何艰险的。

第二首山歌是所谓《桐城时兴歌》，流传于安徽桐城一带。此诗写一位女郎寄给爱人一方洁白的手帕，上面并无题词，但是她希望爱人见到“素帕”之后能体会到她的一片真情。这里用了象征与双关手法，素帕象征着女主人公品行的清白无瑕，爱情十分纯洁；素帕中的横丝、竖丝，则与男方之颠倒相“思”谐音双关。

明·唐寅[1]

一剪梅

雨打梨花深闭门[2]。
忘了青春，误了青春。
赏心乐事共谁论。
花下销魂，月下销魂。

愁聚眉峰尽日颦[3]。
千点啼痕，万点啼痕。
晓看天色暮看云。
行也思君，坐也思君。

注释

①唐寅（1470—1524），字伯虎，一字子畏，吴人。弘治十一年乡试第一。坐事下狱，放归。其后归心佛教，自号六如居士，书、画、诗、文皆有名于时，有《六如居士集》。

②“雨打梨花”句：借用李重元《忆王孙》春词原句。

③“愁聚眉峰”句：是说整天愁眉不展，如远峰耸起。王观《卜算子》句：“山是眉峰聚。”此化用其意。

评 析

唐寅这首小词的内容是写女子的相思，用的主要是借景抒情的手法。词的首句“雨打梨花深闭门”是借用前人成句，表现的是风雨声中梨花落尽（被风雨无情地摧落）的景象，时间当在春末。此时，女主人公唯有闭门独居，喟然长叹道：“忘了青春，误了青春。”本来梨花盛开时，正是大好春光，自己却将这美好的光阴白白错过了，从这个意义上说是辜负了青春，但更深一层的意思是说无法与情人共聚游赏，对不起自己的青春年华。所以说“赏心乐事共谁论”，这一句与汤显祖《牡丹亭》中“良辰美景奈何天，赏心乐事谁家院”的意思相近。由于无人相伴，所以她在月下、花前均深感无聊而“销魂”。

词的上片通过描绘景物总写伤春，下片则直抒其相思之情：女主人公终日愁眉不展，以泪洗面，朝朝暮暮，靠呆望天空、流云打发日子。最末二句道出底蕴：“行也思君，坐也思君。”造成她如此神魂颠倒的原因是“思君”，想念自己的心上人，可此人现在何处呢，词中却无半句交代，这就给读者留下了丰富的想象、发挥的余地。

明·夏完淳①

卜算子

秋色到空闺，夜扫梧桐叶。
谁料同心结未成，翻就相思结。

十二玉阑干，风有灯明灭。
立尽黄昏泪几行，一片鸦啼月。

注 释

①夏完淳（1631—1647），原名复，字存古，松江华亭人，夏允彝子，陈子龙弟子。十五岁时随父起兵抗清，父被杀，又随陈子龙继续抗清，鲁王封他为中书舍人。后被清兵俘虏，在南京从容就义。

评 析

这首词写一位女子在爱情失败后，仍然痴心不改，苦苦相思之情事。

词的上片写道：秋色来到空闺，女主人公夜晚时打扫梧桐的落叶，给出一个衰飒、哀怨的氛围。她与心上人因某种阻隔未能成为夫妇，所以说“同心结未成”，但她对他的爱却仍不变，故“翻就相思结”，仍然执着地思念着他。词的下片是一个特写镜头：女主人公立在玉阑干之前，从黄昏一直站到夜幕降临，空洒几行清泪，在一片啼鸦声中，月光已普照大地，她仍然痴痴地立着，想着、盼着这渺茫而无望的爱情，此情此景，可以打动千千万万痴情的男女，具有永久的艺术魅力。这首词出自一位抗清的少年志士之手，尤为难得，可看出其性格的另一侧面。

清·无名氏

畲族[1]情歌（选一）

郎住一乡妹[2]一乡，山高水深路头长。
有朝一日山水变，但愿两乡变一乡。

注 释

①畲（shē）族：我国兄弟民族之一，居住在福建、浙江、江西和广东部分地区，以福建、浙江为多。

②妹：对少女或少女对自己的称呼。

评 析

这是一首感情炽烈的情歌。诗中的主角似为女子，她有一位心爱的情郎，但两人的家不在一处，有高山深水的阻隔，路途遥远，会面不易。因此她忽发奇想，希望有一天他们忠贞的爱情能感动天地，使得山水发生巨变，二人之间的障碍——山高、水深、路长，皆化为乌有，他们彼此得以亲近，早日共结连理。

清·许缵曾[1]

鹊桥仙

云疏月淡，乌慵鹊倦，望里双星[2]缥缈。
人间夜夜共罗帏，只可惜、年华易老。

经秋[3]别恨，霎时欢会，应怯金鸡催晓。
算来若不隔银河，怎见得、相逢更好。

注释

①许缵曾，字孝修，一字孝达，号悟西，又号鹤沙，上海人。顺治六年(1649)进士，官至云南按察使。有《宝纶堂集》附词。

②双星：牛郎星和织女星。

③经秋：经年。相传牛郎织女每年七夕在鹊桥上相会。

评析

这是一首别出心裁的词。词的内容写牛郎织女七夕相会，并不新鲜。难得的是，词人在词中表达了与众不同的看法。在普通人眼中，牛郎织女一年一会是一大憾事，作者却不这样看。词的上片写道："云疏月淡，乌慵鹊倦，望里双星缥渺。"牛郎织女相距万里，从地上望去，二星都处于缥渺的天际，相会是那么艰难。但是作者有一层意在言外的道理，这就是，虽然二星相会稀少，但却可以地久天长。故下二句以人间与之对比："人间夜夜共罗帏，只可惜、年华易老。"人间的夫妇虽然可夜夜厮守，但青春易逝，人生短暂，相比之下，牛女之遭遇，就很难说是不幸了。下片立意仍不落凡俗：牛郎织女经过一年漫长的离别，只有一夜的欢会，当然应怕金鸡报晓，担心天亮了。但是，作者又换一个角度替牛郎、织女着想，如果不是隔着这耿耿银河，一年才能一会，这种相逢怎么会格外甜蜜呢！这首词以其独特的视角，在大量写七夕的诗文中独树一帜，堪与秦观的《鹊桥仙》(纤云弄巧)媲美。

清·朱彝尊[1]

高阳台

吴江叶元礼，少日过流虹桥，有女子在楼上，见而慕之，竟至病死。气方绝，适元礼复过其门，女之母以女临终之言告叶，叶入哭，女目始瞑。友人为作传，余记以词。

桥影流虹[2]，湖光映雪，翠帘不卷春深。一寸横波，断肠人在楼阴。游丝不系羊车[3]住，倩何人传语青禽[4]？最难禁，倚遍雕栏，梦遍罗衾。

重来已是朝云散，怅明珠佩冷，紫玉烟沉。前度桃花[5]，依然开满江浔[6]。钟情怕到相思路，盼长堤、草尽红心。动愁吟，碧落黄泉，两处难寻[7]。

注 释

①朱彝尊（1629—1709），字锡鬯（chàng），号竹垞（chá），浙江嘉兴人，康熙十八年（1679）举博学鸿词科，授检讨，寻入直南书房，参加修纂

《明史》。博通经史，擅长诗词古文，词宗姜夔、张炎，为浙西词派的创始者。著有《曝书亭集》。

②流虹：流虹桥。

③羊车：本指古代宫内所乘小车。“羊”通“祥”，吉祥之意，见《周礼·考工记》，后泛指精美的车子。

④青禽：青鸟，相传为王母娘娘传递书信的鸟。

⑤前度桃花：用唐人崔护事，崔护游城南，见一少女，互相爱慕，次年重游，不见女郎，崔作《游城南》诗：“去年今日此门中，人面桃花相映红。人面只今何处去，桃花依旧笑春风。”后几经周折，终于与少女美满结合。

⑥江浔：江边。

⑦“碧落黄泉”二句：用白居易《长恨歌》“上穷碧落下黄泉，两处茫茫皆不见”之意，指女子已死，芳踪难觅。

评 析

此词歌咏的是一个真实的、凄绝的爱情故事。此事之发生，即含有传奇色彩，朱彝尊在词序中记载其事说：吴江人叶元礼，有一次路过流虹桥，桥旁楼上一位少女见到他，并且爱上了他，害了相思病，竟然病死了。女子刚气绝，恰好叶元礼又从此地经过，女孩的母亲将这一切告诉了他，叶元礼进楼哭了女子一场，女子方才闭目。这种事情，在古往今来都是少见的，因此引起了文人们极大的同情与兴趣，有人为之作传，朱氏则写了这首词。

词的上片写少女之钟情及无人传递音讯的痛苦。下片写叶元礼重来时，女子已玉陨香消，芳踪难觅。

全词感情缠绵悱恻，运用典故浑化无迹，故得到高度评价，《清词菁华》说此词代表着朱彝尊词的最高成就：“所谓春容大雅，万变不离其宗者，可以尽朱之能事矣。”

忆少年

飞花时节，垂杨巷陌，东风庭院。
重帘尚如昔，但窥帘人远①。

叶底歌莺梁上燕，一声声，伴人幽怨。
相思了无益②，悔当初相见③。

注 释

①窥帘人远：谓情人不在眼前。

②相思了无益：用李商隐《无题》诗："直道相思了无益，未妨惆怅是清狂"语意。

③悔当初相见：用姜夔词"肥水东流无尽期，当初不合种相思"语意。

评 析

这首词写的是春日怀人之情。词的上片主要写景，飞花满天，垂柳依依，东风和煦，正是暮春时节典型的写照。暮春时分，重帘依旧，帘内的情人却已远去，思之令人无限怅惘。词的下片写莺、燕婉转动听的"歌声"，又可理解为这位痴心女孩幽怨的叹息，用的是"移情于物"的手法。词的结拍，连用李商隐《无题》诗和姜夔词语意，用透过一层法，写出相思之深及眼前无可奈何的苦况。这种"悔当初相见"的写法，比那种直言相思之痛苦的写法，给人的印象反而更加强烈，情致更为婉曲、缠绵。

清·纳兰性德[1]

河传

春浅，红怨，掩双环[2]。微雨花间，昼闲。
无言暗将红泪弹。阑珊，香销轻梦还。

斜倚画屏思往事，皆不是，空作相思字。
记当时垂柳丝，花枝，满庭蝴蝶儿。

注释

①纳兰性德（1654—1685），原名成德，字容若，满洲正黄旗人，大学士明珠子，康熙进士，官一等侍卫。善骑射，好读书，作词主情致，宗李煜，所交如顾贞观、陈维崧等皆一时隽秀。杨芳灿序其词云："骚情古调，侠肠隽骨，隐隐奕奕，流露于毫楮间。"有《饮水词》。

②双环：对开大门上的两个门环，代指门。

评 析

这是一首闺情词。这位少女在蝴蝶飞满园时曾与情人相会过，如今在微雨迷蒙的春天，想起这段往事，不禁勾起她万种柔肠：在春雨天气，白天闲来无事，紧闭大门，暗洒珠泪，想念着心上人，至于他是远行了，还是变心了，抑或有别的缘故，词中均未曾交代。“阑珊，香销轻梦还”，则写她夜间醒来，仍苦苦相思。

词的下片则是回忆往事，二人并不仅仅做相思梦，而是在垂柳轻拂、花枝袅娜、满园蝴蝶时，曾相会一度。至于其间的细节，作者仍未多写，留待读者的想象去补充。

这首词写了一段甜蜜而又苦涩的爱情。顾贞观《通志堂词序》评纳兰词云：“容若天资超逸，翛然尘外，所为乐府小令，婉丽凄清，使读者哀乐不知所主。”也可用来评这首小词。

沁园春

丁巳[①]重阳前三日，梦亡妇淡妆素服，执手哽咽，语多不复能记。但临别有云：“衔恨愿为天上月，年年犹得向郎圆。”妇素未工诗，不知何以得此也。觉后感赋长调。

瞬息浮生，薄命如斯，低徊怎忘？

记绣榻闲时，并吹红雨[②]，雕栏曲处，同倚斜阳。

梦好难留，诗残莫续，赢得更深哭一场。

遗容在、灵飙[③]一转，未许端详。

重寻碧落[4]茫茫，料短发，朝来定有霜。
便人间天上，尘缘未断，春花秋月，触绪还伤。
欲结绸缪，翻惊摇落[5]，两处鸳鸯各自凉！
真无奈，把声声檐雨，谱出回肠。

注释

①丁巳：康熙十六年，公元1677年。

②红雨：落花。唐人诗有"桃花乱落红如雨"之句，此暗用其意。

③灵飙：神风。

④碧落：天界。《度人经》注："东方第一天，有碧霞遍满，是云碧落。"

⑤摇落：原指草木凋落，宋玉《悲秋赋》："悲哉秋之为气也，草木摇落兮变而为霜。"此处为亡逝之意。

评析

这是一首悼亡词，写出纳兰容若与其亡妻生生死死、两情不渝的爱恋，读来令人肝肠寸断，凄婉欲绝。顾贞观《纳兰词评》曰："容若词一种凄婉处，令人不能卒读。"正是指的这一类词。

纳兰性德与妻（当是原配卢氏）两情深笃，作此词时，纳兰年仅二十三岁，其妻年龄当相仿，恩爱夫妻，少年妻亡，纳兰对此十分伤心。此词的起因据《序》中所说，是纳兰性德梦见亡妻化淡妆，与他执手哭泣，说了许多话，临别时作了两句诗："衔恨愿为天上月，年年犹得向郎圆。"词人感慨万千而赋此词，这两句诗当然是词人梦中代亡妇写出的。

词的上片写二人当年情投意合，共吹落花，同倚斜阳，生活相当温馨、浪漫。但好景不长，佳人已逝，词人万分伤心。词人在梦中见到亡妻，但其人如旋风般卷过，未能细细端详她的音容笑貌，这里写梦境相当传神。词的下片写词人梦醒后的感慨，他遍寻亡妻的踪迹而不见，想到自己，因相思劳瘁，头发可能会早早变白，这里用苏轼《江城子》（十年生死两茫茫）词中“纵使相逢应不识，尘满面，鬓如霜”语意。他说：即使我们二人天上人间，还有重逢的可能，但眼前春花秋月，却令人触景伤情，眼下相逢，是不可能的，两只苦命的鸳鸯，一在天上（指妻子）一在人间（词人自指），都十分孤独凄凉，在万般无奈中，词人似乎想借檐前的细雨，洗刷一下自己的愁肠。

在古往今来的悼亡词中，此词是相当出色的，比之潘岳《悼亡诗》，苏轼、陆游的悼亡词毫不逊色。

清·厉鹗[1]

眼儿媚

一寸横波惹春留。何止最宜秋。
妆残粉薄，矜严消尽，只有温柔。

当时底事[2]匆匆去？悔不载扁舟[3]。
分明记得，吹花小径，听雨高楼。

注释

①厉鹗（1692—1752），字太鸿，号樊榭，浙江钱塘（今杭州）人。康熙庚子中举，乾隆元年荐博学鸿词，不中。爱山水，工词，为浙西词派代表作家之一，著有《樊榭山房词》。

②底事：什么原因、为什么。

③载扁舟：指同行。

评析

这首词写男子之相思。他意中佳人的横波美目顾盼传情，残妆薄粉，更使她一反往日的矜持，显得温柔多情。不用说，二人在一起的日子是很惬意的，这是词的上片所写的内容。词的下片写道：佳人因故匆匆而去，自己后悔没有用扁舟载她同行，共同过上神仙眷属般的生活。

这首词写得相当雅静，有一种淡淡的哀愁，《艺蘅馆词选》引徐紫珊评语曰："樊榭词生香异色，无半点烟火气，如入空山，如闻流泉，真沐浴于白石、梅溪而出之者。"恰可用来评此词。

清·王士禛[1]

蝶恋花·和漱玉词[2]

凉夜沉沉花漏[3]冻，攲枕[4]无眠，渐觉荒鸡[5]动。
此际闲愁郎不共，月移窗罅[6]春寒重。

忆共锦裯无半缝[7]，郎似桐花，妾似桐花凤[8]。
往事迢迢徒入梦，银筝断绝连珠弄[9]。

注　释

①王士禛（1634—1711），字贻上，号阮亭，别号渔洋山人，山东新城人。顺治十五年（1658）举会试，官至刑部尚书，谥文简。论诗创“神韵说”，自作诗词也以神韵为主，为当时文坛盟主，有《带经堂全集》。

②漱玉词：宋女词人李清照词集名。

③花漏：漏是古代计时器。

④攲枕：斜靠在枕头上。

⑤荒鸡：不按时啼的鸡声。《晋书·祖逖传》：“逖中夜闻荒鸡鸣，蹴刘琨

觉，曰：‘此非恶声也。’因起舞。”

⑥罅（xià）：裂缝。

⑦锦裯无半缝：锦裯，锦被。《乐府·合欢诗》：“寝共无缝裯。”

⑧“郎似桐花”二句：桐：树名，落叶乔木，有白桐、紫桐之分。桐花凤：唐人李德裕文：“成都夹岷江矶岸，多植紫桐。每至春暮，有灵禽五色，来集桐花，以饮朝露，谓之桐花凤。”

⑨连珠弄：曲名。河间杂弄有此曲。

评 析

这是一首艳情词，谭献评为“深于梁、陈”，就是说此词深得梁、陈宫体诗三昧。词的主角是一位女性。上片写她长夜难眠，直到半夜仍无睡意，可惜此时情郎不在她身边，唯有月光照进窗缝，似乎带着浓重的春寒。词的下片回忆与情郎共被同眠的欢乐往事，一对玉人，情投意合，如漆似胶。可眼前往事成空，只有在梦中才可重温旧日的爱情，她在不知不觉中停止了正在弹奏的琵琶，停止了《连珠弄》这支曲子。

王士禛作词学《花间集》和《草堂诗余》，有词评曰《花草蒙拾》，在当时影响颇大，他的朋友们多以之为榜样，故清初“花间体”占了上风。此词即颇近《花间》，唐允甲《衍波词序》（按：《衍波词》为王士禛词集名）曰：“贻上束其鸿博淹雅之才，作为《花间》隽语，极哀艳之深情，穷倩盼之逸趣。”即指此类绝去雕饰而又一往情深的小令而言。

清·蒋士铨[①]

水调歌头·舟次感成

偶为同命鸟[②]，都是可怜虫[③]。

泪与秋河相似，点点注天东。

十载楼中新妇，九载天涯夫婿，首已似飞蓬[④]。

年光愁病里，心绪别离中。

咏春蚕[⑤]，疑夏雁[⑥]，泣秋蛩[⑦]。

几见珠围翠绕[⑧]，含笑坐东风？

闻道十分消瘦，为我两番磨折，辛苦念梁鸿[⑨]。

谁知千里夜，各对一灯红。

注释

①蒋士铨（1725—1785），字心余、清容、苕生，号藏园，江西铅山人。乾隆二十二年（1757）进士，授编修。工诗、词、剧曲，有《铜弦词》。

②同命鸟：《翻译名义集·杂宝藏经》："雪山有鸟，名为共命，一身二头，

识神各异，同共报命。”

③可怜虫：《乐府民歌·企喻歌》：“男儿可怜虫，出门怀死忧。”

④飞蓬：形容头发散乱。《诗经》：“自伯之东，首如飞蓬。”

⑤咏春蚕：用李商隐《无题》诗“春蚕到死丝方尽”语意。

⑥疑夏雁：夏天无雁，故曰疑夏雁。

⑦泣秋蛩：蛩 (qióng)，蟋蟀。《埤雅》：“蟋蟀随阴连阳，一名吟蛩，初生，得寒乃鸣。”

⑧几见珠围翠绕：几曾 (何曾) 见她 (指妻子) 珠围翠绕，意为妻子跟随自己，过的是贫贱生活。

⑨梁鸿：东汉人，家贫尚节，博学多才。与妻孟光同隐，自甘贫贱，妻具食，举案齐眉。后以二人作为夫妻恩爱的榜样。

评 析

这是作者蒋士铨怀念其妻子的作品。“偶为同命鸟，都是可怜虫”见出夫妇二人皆出身寒微。“泪与秋河相似，点点注天东”，是说二人婚后迫于生计，心情不舒畅。“十载楼中新妇，九载天涯夫婿”，说明二人离多会少，妻子常独守空闺，头发蓬乱，也无心梳洗。“年光愁病里，心绪别离中”是说其妻常为愁病、别离所困扰。过变“咏春蚕，疑夏雁，泣秋蛩”是写相思之深。“几见珠围翠绕，含笑坐东风”是说其妻从未过上奢华、满意的生活。“闻道十分消瘦”三句，是写听说妻子近来十分消瘦，是为相思所苦。最后两句“谁知千里夜，各对一灯红”，写出两地相思的深情，有谢庄《月赋》“隔千里兮共明月”，苏轼《水调歌头·明月几时有》“但愿人长久，千里共婵娟”之意，只不过将月换成了孤灯，祝福之中，含有凄苦之意。

这首词虽用典故，但语言相当通俗，是一首“语语都在目前”的佳作。

点绛唇

屏却[2]相思，近来知道都无益。
不成[3]抛掷，梦里终相觅。

醒后楼台，与梦俱明灭[4]。
西窗白，纷纷凉月[5]，一院丁香雪。

注释

①王国维（1877—1927），字静安、伯隅，号观堂，浙江海宁人。早岁深受德国哲学影响，后来从事甲骨文、中国戏曲史、词曲研究，著有《观堂集林》《宋元戏曲史》《人间词话》等，为二十世纪大学者之一。1927年，自沉于北京颐和园之昆明湖。

②屏却：放弃。

③不成：用宋人方言，意为“难道”。

④“醒后楼台”二句：谓梦中虚构的空中楼阁，醒后还若明若灭，隐约可见。

⑤纷纷凉月：形容丁香院落的月色。杜甫诗：“凉月白纷纷。”

评 析

这是一首爱情词，内容是写刻骨的相思。“屏却相思，近来知道都无益”，是说知道相思无益，决心放弃之，用李商隐《无题》诗“直道相思了无益”之语。三四句“不成抛掷，梦里终相觅”，是说相思是抛弃不了的，所以在梦中还是要去寻找。下片写梦中情景：梦中的楼台，还依稀可见，若明若暗，似有似无。最后以景语作结束，用月光下的白丁香来烘托人的寂寞、孤独与惆怅。

樊志厚（有人认为是王国维的化名）《观堂长短句序》说王国维的词“往复幽咽，动摇人心，快而能沉，直而能曲，不屑屑于言词之末，而名句间出，往往度越前人。至其言近而指远，意决而辞婉，自永叔以后，殆未有工如君者也。”虽有溢美之嫌，却说出静安词的特点：“言近而旨远，意决而辞婉。”不拘泥于客观的物相，此词正是如此。

离别篇

(传)汉·苏武

留别妻

结发[①]为夫妻，恩爱两不疑。
欢娱在今夕，燕婉[②]及良时[③]。
征夫怀往路，起视夜何其[④]。
参辰皆已没，去去[⑤]从此辞。
行役在战场，相见未有期。
握手一长叹，泪为生别滋[⑥]。
努力爱春华[⑦]，莫忘欢乐时。
生当复来归，死当长相思。

注释

①结发：古代男子二十岁束发加冠，女子十五岁束发加笄，表示成年，叫“结发”。

②燕婉：两情相悦。

③及良时：趁着还在一起的时刻。

④“起视”句：用《诗经·燎原》“夜如何其，夜未央”的意思，是说起来看看天是否亮了。其（jī）：语助词。

⑤去去：去的加重辞。

⑥滋：多。

⑦春华：青春。

评 析

这首诗旧传为苏武初出使时留别妻子之作，但据近人研究，《文选》所收录的四首苏武诗皆为汉末无名氏的依托之作。这首诗的主人公是一位即将出征的男子，作品表现的中心内容是征夫别妻。诗的开头四句写小夫妻正沉浸在燕尔新婚的无限欢乐之中，他们琴瑟和谐，生活幸福美满，然而从“欢娱在今夕，燕婉及良时”两句中，似乎可以体会到欢娱苦短、良辰难再的忧虑。果然是好景不长，男主人公身为“征夫”，天亮以后即将远行。“征夫”四句笔锋陡转，将开头的欢乐气氛一扫而空，这对恩恩爱爱的小夫妻转眼就要分别，而且前途吉凶难料，归期未卜，所以在分别时，二人恋恋不舍：到战场作战，十分危险，与妻子相见无期，分别时唯有握手长叹，涕泪纵横而已。但是，虽然经受了生离死别的考验，但这位征夫对爱情仍然充满信心，他希望爱妻珍惜青春年华，珍惜他们过去美好的爱情生活，男主人公信誓旦旦地说：只要我活着，就会回到你的身边，即使死了，也会永远思念你。这两句说得既十分真挚，又十分沉痛，有一种震撼人心的力量。

古代写征夫思妇离别的诗作不少，大都受此诗影响，最有名的当推唐代诗人杜甫的《新婚别》，大家不妨参看。

汉·秦嘉

赠妇诗三首并序

秦嘉字士会，陇西人也。为郡上掾，其妻徐淑，寝疾还家，不获面别，赠诗云尔。

人生譬朝露，居世多屯蹇①。
忧艰常早至，欢会常苦晚。
念当奉时役②，去尔日遥远。
遣车迎子还，空往复空返。
省书情凄怆，临食不能饭。
独坐空房中，谁与相劝勉。
长夜不能眠，伏枕独辗转③。
忧来如寻环④，匪席不可卷⑤。

皇灵⑥无私亲，为善荷天禄⑦。
伤我与尔身，少小罹茕⑧独。
既得结大义⑨，欢乐苦不足。

念当远离别，思念叙款曲[10]。
河广无舟梁，道近隔丘陆。
临路怀惆怅，中驾[11]正踯躅。
浮云起高山，悲风激深谷。
良马不回鞍，轻车不转毂[12]。
针药可屡进，愁思难为数。
贞士[13]笃终始，恩义不可属。

肃肃[14]仆夫征，锵锵[15]扬和铃。
清晨当引迈[16]，束带待鸡鸣。
顾看空室中，仿佛想姿形。
一别怀万恨，起坐为不宁。
何用叙我心，遗思致款诚。
宝钗可耀首，明镜可鉴形。
芳香去垢秽，素琴有清声。
诗人感木瓜，乃欲答瑶琼[17]。
愧彼赠我厚，惭此往物轻。
虽知未足报，贵用叙我情。

注释

①屯蹇：不顺利。

②奉时役：指为郡上计，离开家乡之事。

③辗转：屡次翻身，不能安睡。

④寻环：即循环，比喻愁思无穷无尽。

⑤“匪席”句：借用《诗经·柏舟》“我心匪席，不可卷也”成句，以席能卷反喻愁思不能收拾。

⑥皇灵：神灵。

⑦荷天禄：享受天赐之福。

⑧茕（qióng）：孤独。

⑨结大义：结为夫妻。

⑩款曲：知心话。

⑪中驾：车在途中。

⑫毂：车轮的中心。

⑬贞士：言行一致，守志不移的人。

⑭肃肃：疾速貌。

⑮锵锵：铃声。

⑯引迈：启程、出发。

⑰“诗人”二句：《诗经·木瓜》：“投我以木瓜，报之以琼琚。匪报也，永以为好也。”

评 析

秦嘉是东汉桓帝时陇西郡的郡吏，后为郡上计簿到京城洛阳，授黄门郎。秦嘉与妻徐淑都能诗文，这一组诗作于秦嘉将往洛阳、徐淑得病回娘家时，夫妇不能面别，因而写赠妻子留念。

诗的第一首大意是说我（秦嘉）奉役离乡，本来准备带妻子同往，因徐淑生病无法成行，而且夫妻二人不得见面告别，秦嘉独自伤感，无人慰解。第二首叙述自己和妻子少年时都孤苦伶仃，成亲后十分恩爱，但如今又当远别，夫妻二人顾恋不舍，诗人触景伤情，诗的最后两句表示自己将忠贞不贰，对妻子永不变心，二人的爱情将地久天长。第三首叙述秦嘉临行前环顾空房，想象妻子的容态，满怀惆怅而又无可奈何，只能留赠几件心爱之物，聊表夫妻间的深情。秦嘉曾详细地记载了他赠妻的物品及其用意，其《重报妻书》云："间得此镜，既明且好，形观文采，世所希有，意甚爱之，故以相与。并致宝钗一双，价值千金，龙虎组履一緉，好香四种各一斤。素琴一张，常所自弹也。明镜可以鉴形，宝钗可以耀首，芳香可以馥身去秽，麝香可以辟恶气，素琴可以娱耳。"足见他对爱妻的款款深情。

这组诗写的是人间极为常见的夫妇离别之情，笔调柔缓，平易近人，如道家常，既不用《诗经》式的比兴，也不用《楚辞》式的想象，全靠平直叙述，因为其情发自肺腑，故仍感人至深，成为描写别情的杰作。钟嵘《诗品》评秦嘉夫妇之事及赠答诗云："夫妻事既可伤，文亦凄怨"，十分恰当，"凄怨"正是此组诗之特点。

汉·徐淑[1]

答夫诗一首

妾身兮不令[2]，婴疾[3]兮来归。
沉滞兮家门，历时兮不差[4]。
旷废兮侍觐[5]，情敬兮有违。
君今兮奉命，远适兮京师。
悠悠兮离别，无因兮叙怀。
瞻望兮踊跃，伫立兮徘徊。
思君兮感结，梦想兮容辉。
君发兮引迈，去我兮日乖[6]。
恨无兮羽翼，高飞兮相追。
长吟兮永叹，泪下兮沾衣。

注 释

①徐淑：东汉人，秦嘉之妻，其诗仅存这一首。

②不令：不善，不好，指不健康。

③婴疾：即生病、抱病。

④差：病愈、恢复健康。

⑤侍觐：侍奉。

⑥乖：背离、不一致，此指距离遥远。

评　析

此诗最早见于徐陵《玉台新咏》，是秦嘉作《赠妇诗》之后，其妻徐淑的答诗，其具体背景已见秦嘉《赠妇诗》的简介。

这首诗可分为两层，前十句叙述自己身体多病，嫁给秦嘉后未能克尽妇道，如今夫君远去洛阳，自己又无法与他话别。这十句字面虽比较平实，但饱含着徐淑觉得对不住丈夫的歉疚之情，透露出几许无奈。后十句为第二层，女主人公直抒胸臆，将离情抒发得淋漓尽致。丈夫远行，自己虽不能同行，但心儿却早已随丈夫去了，故她白天坐立不安，晚上则相思成梦，梦见丈夫的音容笑貌。然后又恨自己身无羽翼，无法追上爱人，最后归结为作诗咏叹，泪下沾衣。清人沈德潜《古诗源》评此诗“词气和易，感人自深”，很有道理。徐氏运用骚体诗这一艺术形式，以唱叹的语调将自己的痛苦，自己的别情及心愿和盘端出，语气极为平实，感情却极为深厚，出自女诗人之手，尤为难能可贵。

三国魏·曹丕

于清河见挽船士新婚与妻别[1]

与君结新婚，宿昔[2]当别离。
凉风动秋草，蟋蟀鸣相随。
冽冽[3]寒蝉吟，蝉吟抱枯枝[4]。
枯枝时飞扬，身体忽迁移。
不悲身迁移，但惜岁月驰。
岁月无穷极，会合安可知。
愿为双黄鹄[5]，比翼戏清池。

注释

①这首诗《艺文类聚》作徐干诗，今从《玉台新咏》。

②宿昔：是“夙夕”的假借字，意同“旦夕”或“早晚”，指为时不久。

③冽冽：寒冷的样子。

④蝉吟抱枯枝：喻独守空房。

⑤黄鹄：传说中的大鸟，有一飞千里之能。

评 析

这首诗写的是新婚别的惨剧，语调似乎是妻子的，风格接近乐府民歌。诗的开头两句点明“新婚别”的主题，接下来四句借咏物来抒情，时令已是秋天，蟋蟀相随而鸣，夫妻却不能厮守，在寒风凛冽、寒蝉哀鸣之时，只有妻子独守空闺。“枯枝时飞扬”六句进一步抒发离别之悲，点明悲的重心是岁月迁移，会面无期，言外之意是叹惜青春虚度。末尾“愿为双黄鹄，比翼戏清池”，大胆地表露了女子向往美好爱情生活的愿望，这同时也表达了对战争的厌恶，对和平的憧憬。

贵为帝王的曹丕，能将目光转向下层人民，在诗中表现他们的生活，这本身就是很难得的，钟嵘《诗品》评曹丕的诗“率皆鄙直如偶语”，似含贬义，如此诗即颇为鄙直、通俗，但我们认为这恰恰是曹丕的长处。

南朝宋·鲍令晖①

代葛沙门②妻郭小玉作二首

明月何皎皎，垂幌照罗茵③。
若共相思夜，知同忧怨晨。
芳华岂矜貌，霜露不怜人。
君非青云逝④，飘迹事咸秦⑤。
妾持一生泪，经秋复度春。

君子将徭役，遗我双题锦⑥。
临当欲去时，复留相思枕⑦。
题用常著心，枕以忆同寝。
行行日已远，转觉心弥甚。

注释

①鲍令晖：刘宋东海（今山东郯城一带）人，诗人鲍照之妹。具体生卒年

不详，可能生活到南齐时，今存诗七首。令晖是当时著名的才女，与《中兴赋》的作者韩兰英齐名。齐武帝曾经称赞她们说：假使她们二人生于前代，则西汉班婕妤的“玉阶之赋，纨素之辞”就不会专美了，即认为二人有班婕妤一样出众的文才。

②葛沙门：人名而非僧人名。这两首诗中所写的“君子将徭役”“君非青云逝”“若共相思夜”“枕以忆同寝”等语来看，行者显为普通人，当为郭氏之夫，而非僧人。南朝佛教兴盛，俗人多起僧名，此即其例。

③“垂幌”句：幌即帷幔，茵为坐褥。

④青云逝：用许由让天下的典故。《琴操·箕山操》载：许由隐居优游，尧想让天下给他，他断然拒绝，并云：“吾志在青云，何乃劣为九州伍长乎？”

⑤咸秦：秦朝的国都咸阳，此代指朝廷。

⑥双题锦：古代绣花可称题花，双题锦当指绣有双花的锦帕之类。

⑦相思枕：《洛神赋》注，曹丕曾将甄后的玉镂金带枕赐给曹植，称为相思枕。

评析

这两首诗是代人拟作，或许因为同是女性吧，鲍令晖将郭小玉的离情别绪刻画得非常逼真。

第一首的开头将女主人公置身于一个皎洁明媚的月夜之中，当月圆之时，夫妻却天各一方，这该唤起郭氏怎样的愁思。“若共相思夜，知同忧怨晨”二句，兼写己方与对方，两人皆晨昏相思，昼夜忧怨，时空跨度相当大。“芳华”二句是女主人公慨叹青春短暂，难以久持，语调相当低沉。最后四句写丈夫并非求仙访道，而是去从宦，妻子将终日以泪洗面，在寂寞孤苦中度过一生。

第二首写丈夫远行时赠给她两件信物：双题锦与相思枕，目的是让妻子牢记往日的恩爱，妻子见到这些东西，则睹物思人，痛苦不堪。

作为“代拟”之作，鲍令晖能将郭小玉痛苦、微妙的感情写得活灵活现，虽出于想象，却十分逼真，显示出女诗人高超的艺术才华。

南朝齐·吴迈远

长别离

生离不可闻，况复长相思。
如何与君别，当我盛年时。
蕙华每摇荡，妾心长[1]自持。
荣乏草木欢，瘁极霜露悲。
富贵身难老，贫贱年易衰。
持此断君肠，君亦宜自疑[2]。
淮阴有逸将，折翮谢翻飞[3]。
楚有扛鼎士[4]，出门不得归。
正为隆准公[5]，仗剑入紫微[6]。
君才定何如，白日不争晖[7]。

注 释

①长：一作空，义较胜。

②宜自疑：一作且自疑，是劝夫君姑且将下面八句中所说的问题想一想。

③“淮阴”二句：逸，超出寻常，淮阴逸将，指汉初刘邦的大将淮阴侯韩信。“折翮”句以鸟为比，言韩信终于为刘邦所残害。“谢翻飞”，言不再能自由飞翔。

④扛鼎士：指汉初西楚霸王项羽。《史记·项羽本纪》：“项籍（按：项羽名籍）长八尺余，力能扛鼎。”扛鼎士，指其力大无穷。

⑤隆准公：隆准，高鼻梁。隆准公，指汉高祖刘邦。《史记·高祖本纪》：“高祖为人隆准而龙颜。”

⑥紫微：星名，象征帝王所居。入紫微，指刘邦即天子位。

⑦白日不争晖：喻才能断不能及。

评 析

这首诗属于乐府的《杂曲歌辞》，拟女子叹夫妇离别。在内容与写法上，本诗均有新的特点。诗的开头四句慨叹盛年时夫妇离别；“蕙华”二句写草木会因季节的变化而摇落，而我的心却坚定不移；“荣乏”二句以草木之衰落喻红颜之衰老；“富贵身难老，贫贱年易衰”，一方面点出女子“贫贱”的身分，另一方面指出由于家贫，营养不良，更易衰老，以上十句是女子从红颜易逝这一方面希望丈夫早日还家。“持此”以下十句，这位聪明而博学的女子借用史事，进一步劝诫丈夫，指出功名是虚幻的，不如早日还家团聚。作者先举韩信之事，韩信为刘邦立下大功，但终遭杀害；接着又举项羽事为例，项羽“力拔山兮气盖世”，因楚汉相争之失败，竟至自刎乌江。“正为隆准公，仗剑入紫微”，连上四句是说韩信、项羽虽然本领很大，是灭秦的主要力量，但二人的一切努力，恰恰起了为刘邦扫除障碍，帮助他做皇帝的作用。最后两句说：您（指丈夫）比韩、项二人如何呢，显然是比不上的。言外之意是说，以韩、项之才尚且如此，你若追求功名，岂非更无出路，不如早日还家为是。这种鄙弃功名富贵，且对宦海风波认识得如此深刻的作品，在当时是很少见的。

南朝齐·王融

回文诗

枝大柳塞北，叶暗榆关东。
垂条逐絮[①]转，落蕊[②]散花丛。
池莲照晓月，幔锦拔朝风。
低吹杂纶羽，薄粉艳妆红。
离情隔远道，叹结深闺中。

注释

①絮：柳絮。
②落蕊：落花。

评析

回文诗起自苻秦时窦滔之妻苏蕙的《织锦图》，后人对其新奇的体制颇感兴趣，仿作遂多。《乐府古题要解》说："回文诗，回复读之，皆歌而成文也。”可见所谓回文诗，就是顺读（正读）、倒读（逆读）皆可成文，它充分体现了汉语词语及句子灵活机动、转换自如的特点，形成了外国诗歌无法摹仿的特殊诗体。五言体回文诗常以每句的一二字和四五字各构成一个词组，第三字常用动词关联，在顺读和逆读时，词组的结构和意思发生改变，从而造成全句意义上的变化。

先看正读。这首诗抒发的是闺中少妇因丈夫远离的感叹。前四句写塞北榆柳的景象，指丈夫所在之地；“池莲”二句写南方景色，是闺人所居之地；“低吹”二句写闺人化妆之后，明艳照人，吹奏乐器；“离情”二句写闺中佳人想到丈夫远离，不禁长叹。这后四句有王昌龄《闺怨》诗的意境：“闺中少妇不知愁，春日凝妆上翠楼。忽见陌头杨柳色，悔教夫婿觅封侯。”同时，这首诗也可逆读，即：

中闺深结叹，道远隔情离。
红妆艳粉薄，羽纶杂吹低。
风朝披锦幔，月晓照莲池。
丛花散蕊落，转絮逐条垂。
东关榆暗叶，北塞柳大枝。

这样读虽也通顺，似不及正读自然流畅。

南朝梁·沈约

六忆诗

忆来时，灼灼[1]上阶墀[2]。
勤勤叙离别，慊慊[3]道相思。
相看常不足，相见乃忘饥。

忆坐时，点点罗帐前。
或歌四五曲，或弄两三弦。
笑时应无比，嗔时更可怜[4]。

忆食时，临盘动容色。
欲坐复羞坐，欲食复羞食。
含哺[5]如不饥，擎瓯[6]似无力。

忆眠时，人眠强未眠。
解罗[7]不待劝，就枕更须牵。
复恐傍人见，娇羞在烛前。

注 释

①灼灼：鲜明，光彩照人的样子。

②阶墀（chí）：即台阶。

③慊（qiàn）慊：不满足的样子，此指相思的话儿说也说不完。

④可怜：可爱。

⑤含哺（bǔ）：含在口中的食物。

⑥瓯：饮酒用的瓦器。

⑦解罗：宽衣。罗：用丝制品制成的衣服。

评 析

此诗写一位男子与爱人离别之后，回忆恋爱的过程。其特点是通过佳人来时、坐时、食时、眠时四个生活片断的描写来展示爱情的全过程。

第一首写二人经过别离后相逢的喜悦："相看常不足，相见乃忘饥。"他们二人曾因相思而痛苦，如今苦尽甘来，故忘怀一切，沉浸在无比的幸福之中。第二首写情人来后，弹琴唱歌，在男方眼中，她的一嗔一笑皆无比美丽。第三首写女子吃饭时的羞怯感。第四首写女子就枕时的娇羞。

四首诗都写得非常自然、纯朴，接近民歌。

南朝梁·江淹[1]

古别离[2]

远与君别者，乃至雁门关。
黄云蔽千里[3]，游子何时还。
送君如昨日，檐前露已团。
不惜蕙草晚，所悲道里寒。
君在天一涯，妾身长别离。
愿一见颜色，不异琼树枝[4]。
菟丝及水萍，所寄终不移[5]。

注 释

①江淹（444—505），字文通，梁济阳考城（今河南兰考）人。刘宋时，任徐州从事、奉朝请。坐事下狱，建平王刘景素救之，后入景素幕府，因谏其谋反，黜为县令。入齐朝，任中书侍郎、宣城太守、黄门侍郎等职。萧衍

攻建康，江淹微服投之，官吏部尚书、相国左长史。梁立，仕至金紫光禄大夫，封醴陵侯。江淹少以文章著名，晚年才思减退，时称“江郎才尽”，其诗与鲍照齐名，人称“江鲍”。

②江淹有《杂体三十首》，拟汉、魏、晋、宋诸家五言诗。本篇原列第一首，是拟《古诗十九首》的，内容写思妇怀征夫。

③“黄云”句：言尘埃与云相连而呈黄色。谢灵运《拟邺中集》诗云：“河洲多沙尘，风悲黄云起。”这句写塞外景象。

④琼树枝：琼，美玉。琼树是传说中仙山上的树。

⑤“菟丝”二句：言菟丝寄托于树、浮萍寄托于水，不能移借，比喻人的忠贞。

评　析

这首诗摹拟《古诗》中的离别之作。《文选》李善注评江淹的拟作曰：“江之此制，非直学其体，而亦兼用其文。”说得非常恰当，这首诗不仅摹仿《古诗》格调，而且化用了《古诗》中的某些句子，但它又是一首新的艺术作品，有其独立存在的价值。

这首诗语调相当委婉，与《古诗》相比，直率、质朴不如，温柔婉厚、含蓄蕴藉则过之。诗的开头两句交代分离的原因及丈夫所去之地。“黄云”两句暗用《古诗》“浮云蔽白日，游子不顾返”之意，写归期难卜。“送君”二句写分别已久，借时令点出。“不惜”二句说不怕自己衰老，怕的是丈夫受寒，真是体贴入微。“君在”四句写夫妻天各一方，妻子最大的愿望就是能见上丈夫一面。末二句乃女子自誓之词，表示她既已托身于丈夫，必将海枯石烂永不变心。

南朝梁·萧衍①

有所思

谁言生离久，适意②与君别。
衣上芳犹在，握里书未灭③。
腰中双绮带，梦为同心结。
常恐所思露，瑶华未忍折。

注 释

①萧衍（464—549）即梁武帝，字叔达，小字练儿，南兰陵（今江苏常州）人。南齐时为竟陵王萧子良"西邸八友"之一。齐末，以雍州刺史镇襄阳。后起兵下建康，杀齐废帝东昏侯，执朝政，次年受齐和帝禅称帝，国号梁。在位四十八年，部将侯景叛，攻破建康，衍被囚饿死。衍有文才，今存诗60余首。

②适意：《古诗》："盼睐以适意"。《尔雅》：展适也。郭璞注：得自申展皆适意。有人认为"意"当作"憶"，即"忆"。

③“衣上”二句：何逊《为衡山侯与妇书》云：“幄里余香，从风且歇”，与此意同。《古诗》：“置书怀袖中，三岁字不灭。”

评 析

这是一首写离别的情诗。“谁言生离久，适意与君别”，是言分离虽久，分别时的情景仍历历在目。“衣上芳犹在，握里书未灭”，是说情人虽去，其衣上的余香仍在，她写给自己的书信字迹、纸墨仍然是崭新的、清楚的，想到这里，诗人心中不免涌出一股暖意。因此接下来写道：“腰中双绮带，梦为同心结。”他腰中的绮带，在梦中被结成同心结，预示着爱情地久天长。“常恐所思露，瑶华未忍折”，是说对爱人临行前种的花也十分爱惜，不忍摘下来。

作为“宫体”诗人，这首诗却写得并不十分艳丽，脂粉气不浓，流露出一种清新的气息和健康的审美情趣，这在萧衍，是难能可贵的。

南朝梁·王筠[1]

春日二首

日照鸳鸯殿[2]，萍生雁鹜池[3]。
游尘随影入，弱柳带风垂。
青骰逐黄口[4]，独鹤惨羁雌。
同衾远游说，结爱久生离。
于今方溘死[5]，宁须萱草[6]枝。

药蓾[7]心未发，蘼芜叶欲齐。
春蚕芳曳绪[8]，新燕正衔泥。
野雉呼雌雊，庭禽挟子栖[9]。
从君客梁后，方昼掩春闺。
山川隔道里，芳草徒萋萋。

注 释

①王筠（481—549），字元礼，一字德柔，小字养，梁琅琊临沂（今山东临沂）人。先后任中书郎、湘东王长史、太子家令、临海太守等职。梁简文帝即位，任太子詹事，未几死于盗。

②鸳鸯殿：《飞燕外传》："帝居鸳鸯殿。"

③雁鹜池：梁孝王筑兔园，园中有雁池，池间有鹤洲凫渚。（《西京杂记》）沈约《三月三日诗》云："西临雁鹜陂。"

④"青骹"句：《西京赋》："青骹挚于韝下。"注："青骹，鹤青胫者。"黄口，此指幼小的鸟雀、小动物等。

⑤溘（kè）死：溘，意为疾促，忽然。溘死，忽然死亡。

⑥萱草：草名，又名忘忧、宜男、金针花。《诗·卫风·伯兮》："焉得谖（萱）草，言树之背。"《传》："萱草令人忘忧。"

⑦葹葹(dì shī)：《尔雅》曰：葹葹草，拔心不死。

⑧曳绪：吐丝。

⑨"庭禽"句：用魏文帝《短歌行》"翩翩飞鸟，挟子巢栖"语意。

评 析

这是两首写离别的爱情诗。

第一首"日照"二句借物起兴，以鸳鸯殿和雁、鹜双栖反衬人之孤单。五六句以"独鹤"自比。七八句"同衾远游说，结爱久生离"，是说自己的丈夫到远方去游说未归，与自己别离很久了。末二句"于今方溘死，宁须萱草枝"，是说爱人已死，自己伤心欲绝，忘忧草根本用不上了，是形容痛苦之深。

第二首前六句亦写景物，所写动植物均与离别的意象有关：葹施草拔心不死，象征着爱情的心不变；蘼芜亦与夫妇离别有关，见《古诗》："上山采蘼芜，下山逢故夫"；春蚕象征相思；新燕双飞，喻指夫妻团聚；野雉雄呼雌，庭禽带领幼子同栖，更象征着夫妻、父子团圆。这六句，均是为了突出与爱人的离别："从君客梁后，方昼掩春闺"，自从爱人游梁之后，大白天我也关上春闺。末二句写出山川阻隔，芳草萋萋，青春已逝，良人未归，将离别之苦描绘得十分真切。

南朝梁·庾肩吾①

咏得有所思

佳期竟不归，春物坐芳菲。
拂匣看离扇，开箱见别衣。
井桐生未合，宫槐卷复稀。
不及衔泥燕，从来相逐飞。

注释

①庾肩吾（487—553？），字子慎，梁南阳新野（今河南新野）人。初为萧纲幕僚、太子率更令、中庶子等职，纲即帝位（即梁简文帝），任度支尚书。后出奔江陵投萧绎（梁元帝），未几卒。

评 析

《有所思》是乐府古题。古辞言:“有所思,乃在大海南。何用问遗君?双珠玳瑁簪。闻君有他心,拉杂摧烧之,当风扬其灰,从今已往,勿复相思,相思与君绝。”是写情人变心后,女子与之决裂的动作与态度。至于齐代王融“如何有所思”、梁代刘绘“别离安可在”等题为“有所思”的诗歌,都是泛言离情,此诗也是如此。

这首诗的抒情主人公为女性。“佳期竟不归”二句,是说良人逾期不归,自己坐在春天的芳菲世界里,倍感孤独。“拂匣”二句写女主人看到离别前爱人用过的扇子,穿过的衣服,触景生情。“井桐”二句用桐树未能两株交合、宫槐未能卷起比喻丈夫未归,夫妻未能团圆,故末尾顺理成章地写道:“不及衔泥燕,从来相逐飞。”字面上是说井桐、宫槐不及双飞燕,实际上是说自己孤栖,不如双燕比翼齐飞,情景融合极妙。

南朝梁·萧子显①

春别四首

翻莺度燕双比翼，杨柳千条共一色。
但看陌上携手归，谁能对此空相忆。

幽宫积草自芳菲，黄鸟芳树情相依。
争风竞日常闻响，重花叠叶不通飞。
当知此时动妄思，惭使罗袂拂君衣。

江东大道日华春，垂杨挂柳拂轻尘。
淇水昨送泪沾巾，红妆宿昔已应新。

衔悲揽涕别心知，桃花李花任风吹。
本知人心不似树，何意人别似花离。

注 释

①萧子显（488？—537），字景阳，梁南兰陵（今江苏武进）人，南齐宗室，萧子范弟。南齐时，例拜给事中，封宁都县侯。梁立，降为子爵，历官中书郎、吏部尚书等，出为吴兴太守，未几卒。今存诗十八首。

评 析

这组诗写春天时的离别，其特色就是借春天特有的景物来抒情。

第一首以莺、燕之双飞反衬人之别离，点出杨柳这一离别的象征，古人有折杨柳送别的习惯，写杨柳即暗寓离别，后两句点明分别及别后相思。第二首写女主人公见到黄鸟与芳树两“情”相依，触动自己的离怀。第三首回忆淇水送别。第四首“衔悲揽涕”正面写离别的痛苦，“桃花李花任风吹”颇具深意，一指桃李花飘落与人之落泪相似，二是点明“春别”，三是桃李花为女子自喻，是说红颜易老，无人怜惜。三四句说人心不会像树那样无情，但没想到人的分离也与花的分离同样痛苦。

这四首均为七言诗，除第二首外，其余皆近于唐代之七言绝句，其风调、韵味皆对唐人有所感染与启发。

唐·李商隐

无题

凤尾香罗薄几重①，碧文圆顶②夜深缝。
扇裁月魄③羞难掩，车走雷声④语未通。
曾是寂寥金烬暗⑤，断无消息石榴红⑥。
斑骓⑦只系垂杨岸，何处西南待好风⑧？

注 释

①凤尾香罗：一种织有凤尾花纹的薄罗。几重：几层。古代复帐不止一层，故用几层薄罗缝制。

②碧文圆顶：有青碧花纹的圆顶罗帐。

③扇裁月魄：月魄，本指月初生或始缺时不明亮的部分，亦泛指月，这里指圆形的月亮。扇裁月魄，是说裁制的扇形如圆月。传为汉代班婕妤所作的《怨歌行》中有“裁为合欢扇，团团如明月”之句。

④车走雷声：司马相如《长门赋》：“雷殷殷而响起兮，声象君之车音。”这里是说车驰之声如雷声隐隐。

⑤曾是：已是。金烬暗：指灯烛烧残，灯烬已暗。

⑥断无：绝无。石榴红：石榴花开。

⑦斑骓：指毛色青白夹杂的马。

⑧西南待好风：曹植《七哀》："君若清路尘，妾若浊水泥。浮沉各异势，会合何时谐？愿为西南风，长逝入君怀。"此处化用其意。

评　析

这首诗写少女的相思寂寥之状，采用的是深夜追思独抒感慨的方式，多心理独白，是一首爱情诗。首二句写女主人公深夜用凤尾香罗缝制有青碧花纹的圆顶罗帐，期待与所爱恋、思念的人会合。次联是女主人公对昔日邂逅相逢情景的追忆：爱人驱车匆匆走过，自己则含羞以团扇半掩面庞，露眼偷窥，虽得以相见却未能交谈。这两句描绘路遇的情景鲜明如画，刻画初恋的心态也细致入微，既有甜蜜的回忆，又有某种遗憾。三联写二人相逢之后长期的隔绝音信及漫长的相思，意思是说：自己已经独自在残灯下度过许多寂寞的长夜，爱人却音讯全无，转眼间石榴花又红了。"金烬暗"，既是写实，又暗喻相思之无望；"石榴红"，也同样有寓意，即青春易逝之悲。尾联说自己所思念的人儿就系马垂杨树边，离自己并不远，但什么时候才有机会凭借好风，到达他身边呢？这首诗虽然以写离情为主，但其中所抒写的企盼佳期而不遇的心情，与相思期待、青春易逝之感，也似乎与作者的人生遭际、悲剧心理有某种联系，在爱情描写中可能渗透了身世之感。

无题

相见时难别亦难①，东风无力百花残②。
春蚕到死丝方尽，蜡炬成灰泪始干③。
晓镜但愁云鬓改，夜吟应觉月光寒④。
蓬山⑤此去无多路，青鸟殷勤为探看⑥。

注 释

①“相见”句：两个“难”字含义不同：前一“难”字指难得，困难；后一“难”字指难堪，难舍难分。

②东风：春风。残：凋零。

③“春蚕”两句：比喻到死方休的刻骨铭心的相思离恨。丝：与“思”谐音。蜡炬：蜡烛。泪：烛泪，即蜡烛燃烧时流下的油脂，这里也喻指人的眼泪。

④“晓镜”两句：这二句是悬想猜测之辞，设想对方的情况。意思说：晨起照镜，只怕因相思之苦而容颜憔悴；凉夜吟诗，也应因心情悲愁而觉得月色凄寒。镜：照镜，作动词用。云鬓改：指青春消逝，容颜憔悴。云鬓，形容青年女子丰美如云的鬓发。

⑤蓬山：蓬莱山，传说中的海上三座仙山（蓬莱、方丈、瀛州）之一，这里借指对方的住处。

⑥青鸟：传说中为西王母传递信息的三足神鸟，这里借指信使。探看：探望。

评 析

这首诗写暮春时分与所爱的女子别离的感伤和别后悠长而执着的思念。

本诗写情曲折深至，回环缠绵，而又出于内心，自然生动。全诗纯是抒情，没有叙事的成分，高度概括，形象鲜明，既有比兴象征，又不流于晦涩，所以历来脍炙人口。

诗的首联写分别的时间，重笔点染，含义丰富，感慨极深。古人常说“别易会难”，诗人则更翻进一层，说相会固然难，离别同样令人难过，使人黯然神伤。“东风”句着力展现离别之际百花零落的景况，好像是为离别提供背景，又似乎象征着青春、爱情的消逝与挫折；明写景物，暗写内心，形象鲜明而意蕴颇丰。颔联从自己方面写别后相思离恨，情感热烈缠绵而深挚。说春蚕到死才停止吐丝，蜡烛燃尽才不“流泪”，用以比喻至死不渝的相思和终身难忘的离恨，给人的实际感受是爱情可以感天动地，地久天长。颈联转从对方写，在体贴中见深情。设想对方别后心境：晨起对镜，常忧青春流逝；寒夜吟诗，应觉月冷人孤。设身处地为对方着想，更衬托出自己一片痴情。尾联在刻骨的相思中一面故作宽解，一面仍打算努力追求，绝不放弃，绝不灰心。大意说对方住处离自己并不太远，希望能有青鸟殷勤传书，对爱人表达衷曲。

此诗是一首歌咏爱情的杰作，但已舍弃了生活中的某些具体现象，而提纯、升华为艺术的结晶，正因为如此，它也就有可能融合了作者的某种人生感受，比如政治上追求而失败的苦闷和虽然失败仍不甘心的心理。清人姚培谦说：“此等诗，似寄情男女，而世间君臣朋友之间，若无此意，便泛泛然与陌路相似，此非粗心人所知。”意思是说这首《无题》诗未必确有寄托，但君臣、朋友间的亲密关系，也正需要这一份执着，所言颇有道理。

荷叶杯

记得那年花下，深夜，初识谢娘[1]时。
水堂[2]西面画帘垂，携手暗相期。

惆怅晓莺残月，相别，从此隔音尘[3]。
如今俱是异乡人，相见更无因[4]。

注 释

①谢娘：指歌女。

②水堂：临水的房屋。

③隔音尘：即音尘隔，音信断绝。

④无因：没有因由，没有机会。

评 析

这首词的写作时间、地点均不可确考，具体内容是：韦庄曾爱过一个女子，如今她远在天涯，久无音信，自己又四处奔波，故追念前情而作此词。词中的“谢娘”，指所思念的女子，但不一定真的姓谢，“谢娘”似乎是当时美女的代称。词的上半阕回忆前情：作者在一个深夜的花下与“她”相识，彼此海誓山盟，约定后期，环境描写亦相当幽雅。下半阕则着重写别后的相思之情。“惆怅”三句说自从那天清晨两人分手之后，彼此音讯不通。“晓莺残月”，描摹别时景色入画。最后两句说现在两人都远走他乡，要想再相见就更没有机会了。全词情景非常逼真，语淡情深，悲切感人，词人娓娓道来，抒发了内心无限深厚的忆念之情，可以说是“深衷浅貌，短语长情”（明·陆时雍《古诗镜》）。有人推测这首词可能是韦庄及第后悼亡之作，似不妥，因从具体语境来看，二人皆在尘世中奔走，对方并未去世。

五代·牛希济①

生查子

春山烟欲收，天淡星稀少。
残月脸边明，别泪临清晓②。

语已多，情未了。
回首犹重道：记得绿罗裙，处处怜芳草。

注释

①牛希济，前蜀王衍时官翰林学士。前蜀亡，降于后唐。《花间集》收其词十一首。

②“残月”两句：写天刚破晓，两人在屋前执手道别，残月的光线照着半个脸儿，惜别的泪珠在晶莹地闪烁。

评 析

这是一首写离别的情词。词的开端二句，交代了人物活动的环境，笼罩在春山上的雾气将要散去，云淡星稀，这是黎明时特有的景色。接下来两句写道：残月未落，仿佛正透过窗户，挂在女主人公的脸边，照见了她惜别的珠泪。下片“语已多，情未了”，写得含蓄不尽，万种情怀都包含在“情未了”之中。词的末二句“记得绿罗裙，处处怜芳草”是一篇之警策。词人在这里充分发挥了想象的作用，以罗裙的颜色如同碧草而触景生情，怜芳草只是为了暗示对爱人的忆恋：无论何时何地，见到芳草，就会想起爱人的绿罗裙，想起与爱人在一起的温馨时光。这一结句非常有名，《栩庄漫记》评为“词旨悱恻温厚，而造句近乎自然，岂飞卿辈所可企及？”

宋·贺方回姝①

寄贺方回②

独倚危栏泪满襟，小园春色懒追寻。

深恩纵似丁香结③，难展芭蕉一寸心④。

注释

①姝：指美女，此处是贺铸一位情人的代称。

②贺方回：宋代词人贺铸字方回，生平见前“相思情”注释。

③丁香结：丁香的花蕾。唐宋诗人多用来比喻愁思固结不解。唐李商隐《代赠》：“芭蕉不展丁香结，同向春风各自愁。”

④“难展芭蕉”句：芭蕉不能展开，亦比喻愁思无法排遣。这句和前一句皆化用李商隐“芭蕉不展丁香结”的意思，而又有所变化。

评析

据宋人吴曾《能改斋漫录》记载，贺铸与一位美人（有可能是歌妓之类的女性）相恋，因故久别，女子感于离情而作此诗。诗的首句是说我（女子自称）独自凭栏远眺，望不到情人的踪迹，所以泪满衣襟，虽然园中春色满眼，我却无心观赏和流连。诗的后二句说，纵使你对我恩深无比，牢不可破，但眼前的离别，仍令我愁眉不展，难以宽心。贺铸接到心上人寄的诗之后，十分感动，作词和答，成《柳色黄》一词云："薄雨催寒，斜照弄晴，春意空阔。长亭柳色才黄，远客一枝先折。烟横水际，映带几点归鸦，东风消尽龙沙雪。还记出门时，恰而今时节。　　将发，画楼芳酒，红泪清歌，顿成轻别。已是经年，杳杳音尘都绝。欲知方寸，共有几许清愁，芭蕉不展丁香结。枉望断天涯，两厌厌风月。"词中写二人离别的经过及别后相思，相当细腻。

宋·张耒[1]

七夕歌

人间一叶梧桐飘[2]，蓐收行秋回斗杓[3]。
神宫召集役灵鹊[4]，直渡天河云作桥。
桥东美人天帝子[5]，机杼[6]年年劳玉指。
织成云雾紫绡衣，辛苦无欢容不理。
帝怜独居无与娱，河西嫁得牵牛夫[7]。
自从嫁后废织纴[8]，绿鬓云鬟朝暮梳。
贪欢不归天帝怒，谪归[9]却踏来时路。
但令一岁一相逢，七月七日河边渡。
别多会少知奈何，却忆从前恩爱多。
匆匆恩爱说不尽，烛龙已驾随羲和[10]。
河边灵官[11]晓催发，令严不管轻离别[12]。
空将泪作雨滂沱，泪痕有尽愁无歇。
寄言织女若[13]休叹，天地无情会相见。
犹胜嫦娥不嫁人[14]，夜夜孤眠广寒殿[15]。

注 释

①张耒（1054—1114），字文潜，自号柯山，祖籍谯县（今安徽亳州），生长淮阴。熙宁进士，因与苏轼关系密切，受到打击迫害，仕途坎坷，生活贫困。诗学张籍、白居易，平淡天然。

②“人间”句：即一叶落而知天下秋之意。

③蓐收：西方神名，司秋令。回斗杓：指斗杓西指，秋天已到。

④役灵鹊：差遣喜鹊。

⑤“桥东”句：指织女，天帝的孙女。

⑥机杼：织布机，借指织布。

⑦牵牛夫：指牛郎。

⑧织纴：织缯布。

⑨“谪归”句：指天帝罚织女与牛郎分离，织女只好从原路回去。

⑩“烛龙”句：烛龙：神兽名，在西北无日之处，衔烛以照幽暗。羲和：驾御日车之神。此句说太阳已出来，七夕已经过去。

⑪灵官：指监视织女、牛郎的天帝部下官员。

⑫轻离别：指不以两人相见之难而任意催他们分手。

⑬若：代词，你。

⑭“犹胜”句：旧说嫦娥本为后羿之妻，后窃不死之药飞上了月亮。这里指嫦娥过着孤居生活。

⑮广寒殿：广寒宫，即月宫。

评 析

这首诗借对织女、牛郎离多会少的歌咏，表达了对天下离人的安慰之情。此诗可分为前后两部分。第一部分从开头“人间一叶梧桐飘”到“谪归却踏来时路”，第二部分是从“但令一岁一相逢”至诗末。第一部分先写天帝怜惜他的孙女织女终年劳作，独居寡欢，故命令喜鹊在天河上架桥，让住在河东的织女下嫁给河西的牛郎，这本来是天帝做的一件好事。织女出嫁后，与牛郎相亲相爱，生活十分美满，但不久就引起了天帝的不满，其原因有二：一是说织女下嫁后耽误了织布，二是贪恋爱情不愿回到天庭。于是天帝下令，让织女立刻回到天上，将一对恩爱夫妻生生拆散，孙女的孤独再也不放在心上，天帝之冷酷无情由此可见。以下为第二部分，写牛郎织女一年一会之难及作者的议论，此部分是全诗的重点。诗中对二人离多会少的苦况寄予高度的同情："别多会少知奈何，却忆从前恩爱多。匆匆恩爱说不尽，烛龙已驾随羲和。""空将泪作雨滂沱，泪痕有尽愁无歇。"作者代牛郎织女抒发了无穷无尽的离愁，写得催人泪下。诗的末尾，诗人笔锋一转，对织女作了一番安慰，大意是说：织女啊，你不要太难过，虽然天地无情，你们毕竟一年可以一会，比起那独居无伴的嫦娥，还是要幸运多了。宋诗好议论，正从此等处可见。

宋·陈与义[1]

长干行[2]

妾家长干里，春慵晏未起。
花香袭梦回，略略事梳洗。
妆台罢窥镜，盛色照江水。
郎帆十幅轻，浑不闻橹声。
曲岸转掀篷，一见兮目成[3]。
羞闻媒致辞，心许[4]郎深情。
一床两年少，相看悔不早。
酒欢娱藏阄[5]，园嬉索斗草[6]。
含笑盟春风，同心以偕老。
郎行有程期，郎知妾未知。
鹢首[7]生羽翼，蛾眉无光辉。
寄来纸上字，不尽心中事。
问遍相逢人，不如自见真。

心苦泪更苦，滴烂闺中土。
寄语里中儿，莫作商人妇。

注 释

①陈与义（1090—1139），字去非，号简斋，洛阳人，南北宋之交的著名诗人，江西诗派的重要作家之一。

②长干行：古代乐府旧题。江苏南京市秦淮河南，古有长干里。“行”是古代歌曲一种体裁的名称。

③目成：男女钟情，以目通意。屈原《九歌·少司命》：“满堂兮美人，忽独与余兮目成。”

④心许：原意为默许。

⑤娱藏阄（jiū）：玩一种抓阄的游戏。

⑥斗草：古代民俗，五月初五有蹋百草之戏，称为斗草。唐人司空图《灯花》诗：“明朝斗草多应喜，剪得灯花自扫眉。”

⑦鹢（yì）首：船头，也指船，古代画鹢首于船头，故称。

评 析

这首诗是一位女子的自白，在写法上与李白的《长干行》相似。诗的前六句自言出生居住在长干里，春天时慵懒未起，梳洗无心，然而梳洗罢之后，窥镜自视，艳丽照人。这几句与晚唐诗人温庭筠《菩萨蛮》“懒起画蛾眉，弄妆梳洗迟。照花前后镜，花面交相映”语意相似，暗含女主人公孤独之感。“郎帆”十二句写自己与一位少年商人一见钟情，结为百年之好，尽情享受爱情的欢乐：“一床两年少，相看悔不早”，乃相见恨晚之意；“酒欢”二句写二人幸福的嬉戏；“含笑”二句说二人盟誓白头偕老，将女主人公美满的爱情生活写得淋漓尽致。“郎行”以下写丈夫出外经商，自己饱受别离之苦。“郎行”四句写丈夫乘船远行，与己分别；“寄来”二句，说丈夫寄来的书信没能慰己思念之情；“问遍”二句，写自己每逢与丈夫相见的人，都要问一番亲人的情况，但总不如自己见上一面来得真切；“心苦”二句写自己相思的苦况；“寄语里中儿，莫作商人妇”，语重心长，因爱得深故恨得深，故出此怨言。

伤春

览镜惊容却自嫌，逢春长是病厌厌。
吹花弄粉①新来懒，惹恨供愁近日添。
生怕子规②声到耳，苦羞双燕语穿帘。
眉头眼底无他事，须信离情一味严③。

注 释

①吹花弄粉：指赏花、梳妆打扮等女性通常喜为之事。
②子规：即杜鹃，一种鸟，其叫声似“不如归去”，故诗中写杜鹃啼，常与离情有关。
③严：浓郁。

评 析

伤春伤别是诗人常写的题材，因为春回大地，万象更新，少男少女当此之时，正是恋爱的最佳季节，所以，春天的离别就格外沉重，格外难过。这首诗即以女主人公的现身说法，写出离别之苦。

首联说自己照镜自嫌，原因是岁月蹉跎，青春已逝，所以每当春天，总是病恹恹的，无精打采。颔联写自己懒得梳妆，无心赏花，因为这些过去心爱的东西如今只能惹恨添愁，引起对离别的痛苦回忆。颈联触景生情，进一步写自己的愁怀，因子规啼叫想起心上人尚未归来，因燕子双飞想到自己孤苦伶仃，但此联仍未说破。尾联方将满腹愁绪一古脑端出：如今自己心中唯一想的事情，就是离情别绪，离愁此时已非常浓郁。

诗虽为短小的律诗，但写感情的发展能由浅入深，曲折委婉，显示出作者高超的艺术技巧，并且具有相当深厚的生活基础。

宋·林逋[1]

相思令

吴山[2]青，越山[3]青，
两岸青山相对迎，争忍[4]有离情。

君泪盈[5]，妾泪盈，
罗带同心结未成[6]，江边潮已平[7]。

注 释

①林逋（967—1028），字君复，钱塘人，长期隐居在西湖的孤山，死后谥“和靖先生”。他是有名的诗人，《山园小梅》中“疏影横斜水清浅，暗香浮动月黄昏”二句，被视为咏梅的绝唱。有《和靖集》。

②吴山：泛指钱塘江北岸的山，这里古代属吴国。

③越山：泛指钱塘江以南、绍兴市以北的山，这里古代属越国。

④争忍：怎么忍心。

⑤泪盈：两眼含泪，盈盈欲滴。

⑥“罗带”句：字面上说想把罗带打个同心结而未能成功，比喻婚事受阻。

⑦潮已平：潮水已涨到与岸相齐，暗示即将开船。

评 析

《长相思》又名《双红豆》《相思令》，原是唐教坊曲，白居易、刘禹锡皆填过此题。林逋这首词，是以一位女子的口吻，写自己的爱情波折。词的上片写爱人来时满怀喜悦，似乎是两岸青山都在相对迎客，哪知道匆匆相见，旋即离别。下片开头"君泪盈，妾泪盈"，具体写二人分别之际，将别未别，难舍难分，却又不得不分别，唯有泪眼相对。为什么有情人不能相聚呢？原来是"罗带同心结未成"，古代民间青年男女定情，常用香罗带打成同心结状，送给对方作为信物，表示双方同心，永远相爱。这里说"结未成"，明指彼此成婚无望，只有抱恨终天。而此时，开船的时间已到，二人只有含泪分手。

这首小词写得声韵委婉，情致缠绵，将离情别意在描写山容水态的同时抒发出来，颇有民歌风味。这且不说，大家知道，林逋一生未娶，在西湖孤山种梅养鹤，自称"梅妻鹤子"，似乎不食人间烟火，这首小词却透露了这位高人韵士性情的另一面。

雨霖铃

寒蝉凄切，对长亭晚，骤雨初歇②。
都门帐饮无绪③，留恋处、兰舟④催发。
执手相看泪眼，竟无语凝噎⑤。
念去去、千里烟波，暮霭沉沉楚天阔⑥。

多情自古伤离别。更那堪、冷落清秋节⑦。
今宵酒醒何处，杨柳岸、晓风残月。
此去经年⑧，应是良辰好景虚设。
便纵有、千种风情⑨，更与何人说。

注 释

①柳永（约985—约1055），原名三变，后改名为永，字耆卿，福建崇安人。少年落拓不第，流连坊曲，作淫冶之词。宋仁宗景祐元年（1034）及进士第，做过几任小官。柳永是北宋著名词人，词集名《乐章集》，存词200余首。

②长亭：旅途中的驿站。骤雨：阵雨。

③都门帐饮：在京师城门外搭帐幕设宴送行。无绪：即无情无绪，无精打采。

④兰舟：泛指质地精良的船只。

⑤凝噎：喉中气塞，说不出话来。

⑥暮霭沉沉：傍晚时候，云气浓厚，天色显得阴沉沉的。楚天：楚地的天空。战国的楚，在今鄂、湘、赣、浙一带，这里泛指南方的天空。

⑦清秋节：金风送爽的清秋时节。

⑧经年：一年又一年。

⑨风情：风流情意。

评 析

《雨霖铃》是柳永的代表作之一。俞文豹《吹剑录》载："东坡（苏轼）在玉堂日，有幕士善歌，因问：'我词何如柳七？'对曰：'柳郎中词，只合十七八女郎，执红牙板，歌"杨柳岸、晓风残月"。学士词，须关西大汉，铜琵琶、铁绰板，唱大江东去。'东坡为之绝倒。"因此，后人论词，常以柳永的这首词与苏轼的《念奴娇·赤壁怀古》（大江东去）分别作为婉约词与豪放词的代表。

这首词是柳永离开汴京时与情人话别之作。上片正面刻画话别场面。"寒蝉凄切"，点明时为秋天，与下面"清秋节"意脉相通，同时兼写人的感受。"长亭"为送别之地，"骤雨"是"留恋"的原因，"催发"写将行。"执手相看泪眼，竟无语凝噎"，既写出了情侣分手时的外形，又描摹出其丰富复杂、欲说还休的心理状态，堪称妙笔。"念去去"二句，写自己将去之地，又是写景，点明当时气氛。下片开头写伤离伤别乃古之常情，"更那堪"二句写秋天离别，伤感更深，悲秋而又伤别，真是雪上加霜。"今宵"二句，设想自己途中醒来后的情状，逼真地写出凄切之情。“此去经年”至末尾，放笔写来，重诉离情。

清人刘熙载《艺概·词曲概》评此词云：“词有点、有染。柳耆卿《雨霖铃》云：‘多情自古伤离别，更那堪冷落清秋节！今宵酒醒何处，杨柳岸晓风残月。’上二句点出离别冷落，‘今宵’二句，乃就上二句意染之。点染之间，不得有他语相隔，隔则警句成死灰矣。”对此词艺术特征的分析十分精当。

宋·张先

一丛花令

伤高怀远几时穷①，无物似情浓②。
离愁正引千丝乱，更东陌、飞絮濛濛③。
嘶骑渐遥，征尘不断④，何处认郎踪。

双鸳池沼水溶溶，南北小桡通⑤。
梯横画阁黄昏后，又还是、斜月帘栊⑥。
沉恨细思，不如桃杏，犹解嫁东风⑦。

注 释

①“伤高”句：穷，穷尽，即了结。高，一作“春”。

②“无物”句：没有什么东西比离情更为浓郁。

③引：招致。千丝：指游丝，即蜘蛛和小虫所吐的丝。陌：田间小路。濛濛：微雨，这里形容杨花乱飞。愁，一作“心”；引，一作“恁”；东，一作“南”。

④骑（jì）：名词。嘶骑，嘶叫的马。征尘：旅途风尘。

⑤溶溶：形容水的流动。桡（ráo）：船桨，这里引申为船。桡，一作“桥”。

⑥斜月帘栊：斜月的光辉照上了帘子和窗棂。斜，一作“新”。
⑦“沉恨”三句：仔细想来，还不如桃李能在东风的吹拂下竟吐芳华，不虚度美好的青春，这是反映幽闺独居的怨恨之情。东，一作“春”。

评 析

这首词在当时颇负盛名，《过庭录》载：“张先子野郎中《一丛花》词，一时盛传，欧阳永叔（即欧阳修）尤爱之，恨未识其人。子野家南地，以故至都谒永叔。阍者以通，永叔倒屣迎之曰：‘此乃桃杏嫁东风郎中。’”

这首词主要写离愁，抒情主人公为女性。上片写别后愁怀，是倒叙手法，“伤高怀远几时穷”是说自己的离愁无穷无尽，在登高时愈发浓郁，并以丝、飞絮之缭乱比喻剪不断的愁；“嘶骑渐遥”三句说路上人欢马叫，车水马龙，可就是不见情郎的行踪。下片则回忆当年二人相依相怜的幸福生活，末尾之句借羡慕桃杏与东风有缘，叹息命薄，人不如物，曲折而传神地刻画出其别恨之深。

《古今词话》说：张先曾与一女尼有约会，其师傅老尼管束甚严，常领女弟子们在池中小岛的阁楼上过夜。等到夜深人静，小尼姑暗中放下梯子，使张先登楼与之相会，临别，张先不胜依恋，作《一丛花》词以道其情怀。不过，从词中所写的情景来看，这一记载是靠不住的。

宋·欧阳修[1]

踏莎行

候馆[2]梅残，溪桥柳细。

草薰风暖[3]摇征辔[4]。

离愁渐远渐无穷，迢迢不断如春水。

寸寸柔肠，盈盈粉泪。

楼高莫近危阑倚。

平芜[5]尽处是春山，行人[6]更在春山外。

注释

①欧阳修（1007—1072），字永叔，晚号醉翁，又号六一居士，江西庐陵（今江西吉安）人。官至参知政事。他是北宋诗文革新运动领袖，词为其余事，写得含思宛转，颇为动人，但与其诗文风格差别较大。

②候馆：都市中接待宾客的馆舍。《周礼·地官·遗人》：“市有候馆。”郑

注："候馆，楼可以观望也。"

③薰（xūn）：香气，一作"芳"。江淹《别赋》："闺中风暖，陌上草熏。"

④征辔（pèi）：辔本义为缰绳，这里代表坐骑。征辔即行人的坐骑。

⑤平芜：平坦的草地。

⑥行人：即闺中思妇的爱人。

评 析

这首词也是写闺人伤离别的作品。词的上片写行人（女子之夫），由景物描写点出行人远行的时间、地点，最后逼出离愁，以情结景，将离愁比作"迢迢不断如春水"，是一个大胆的创造，词人以流不断的春水比喻诉不完的离愁，似乎受到李煜《清平乐》词"离恨恰似春草，更行更远更生"的某种启发，但欧词似更流畅自然。词的下片转而写闺中思妇，由近及远，从思妇所居之楼头写到山外的行人。而且由情及景，先写思妇垂泪，归结到春山之景，与上片之由景及情，恰恰相映成趣。

宋·周邦彦

夜飞鹊

河桥送人处，凉夜何其①。

斜月远堕余晖。

铜盘烛泪已流尽，霏霏凉露沾衣。

相将散离会②，探风前津鼓③，树杪参旗④。

花骢⑤会意，纵扬鞭、亦自行迟。

迢递路回清野，人语渐无闻，空带愁归。

何意重红⑥满地，遗钿⑦不见，斜径都迷。

兔葵燕麦⑧，向残阳、欲与人齐。

但徘徊班草⑨，欷歔⑩酹酒，极望天西。

注 释

①凉夜何其：即“夜未央”，意为夜已深但尚未到天明。

②相将：相随。离会：分别前饯行的聚会。

③探：注意。津鼓：渡头击鼓，这是开船的信号。

④杪（miǎo）：树木的末梢。参（shēn）旗：参是星名，参旗即天旗。

⑤花骢（cōng）：花马。

⑥重红：形容落花之多。

⑦钿：女子所戴的首饰。

⑧兔葵燕麦：路旁的野葵、野麦。

⑨班草：将草铺开，坐在地上。

⑩欷歔（xīxū）：悲叹声。

评 析

词的小标题为“别情”，可见此词之主旨。此词开宗明义第一句即点出“河桥送人处”，直指全词的中心。“河桥”为送别之地，“斜月”三句，写离别时月光如水、冷露湿衣的情景，暗寓离情。“探风前”五句写行人匆匆上船，自己想骑上马再送一程，可是已经赶不上了。词的下片写送别者归途中所见所感，从“重红满地，遗钿不见”等语可见，被送者是一位女性，而送别者为男士。他经过分别之地，只见斜阳映花草，人迹杳然，他徘徊依恋，远望行人所去之方向，以寄托离情。

宋·毛滂

惜分飞

富阳[1]僧舍作别语赠妓琼芳

泪湿阑干[2]花着露，愁到眉峰碧聚。
此恨平分取[3]，更无言语空相觑[4]。

断雨残云无意绪，寂寞朝朝暮暮。
今夜山深处，断魂分付潮回去。

注 释

①富阳：今浙江省富阳市。

②阑干：即栏杆，此当指僧舍的走廊或凉台的栏杆。

③取：助词，即“着”。

④觑（qù）：细看。

评 析

宋人黄昇《唐宋诸贤绝妙词选》曾记载过一件趣事：“元祐中，东坡守钱塘，泽民（按：毛滂字泽民）为法曹掾，秩满辞去。是夕宴客，有妓歌此词（按：即上面这首《惜分飞》），坡问谁所作，妓以毛法曹对。坡语座客曰：‘郡僚有词人不及知，坡之罪也。’翌日折柬追还，留连数日，泽民因此得名。”虽然这个故事并不符合事实，因为在此之前，毛滂即曾受知于苏轼，苏轼还向朝廷推荐过他，称其“文词雅健，有超世之韵”。但是，这一故事可从一个侧面说明此词流传之广，影响之大。

这首词写离别时的情态和离别后的心绪。上片写二人临别时无语凝噎的情状，只见恋人的泪眼如露滴，愁眉似峰聚。下片写别后词人情绪低落，朝朝暮暮都感到十分寂寞，并且夜不能寐，因怕听到潮声而吩咐“潮回去”。周辉《清波杂志》评云：“语尽而意不尽，意尽而情不尽，何酷似乎少游（秦观）也。”道出了此词之妙处。

宋·周紫芝[1]

踏莎行

情似游丝[2]，人如飞絮。
泪珠阁定空相觑[3]。
一溪烟柳万丝垂，无因[4]系得兰舟住。

雁过斜阳，草迷烟渚[5]。
如今已是愁无数。
明朝且做莫思量，如何过得今宵去。

注 释

①周紫芝，字少隐，宣城人，生卒年不详，高宗绍兴十七年为枢密院编修官。自号竹坡居士。

②游丝：在空中飞扬的蜘蛛、青虫等所吐的丝。

③觑：细看。

④无因：没有法子。

⑤渚：水中小洲。

评 析

这是一首惜别的情词。上片由抒情开始，情像游丝一样缠绵而又飘忽不定，人也像飞絮一样萍踪浪迹，居无定所。两个人临分手之际，竟然是“泪珠阁定空相觑”，互相傻呆呆地望着，珠泪欲落未落，万语千言皆无从说起。词人接着写道：万条柳丝系不住兰舟，与情似游丝，人如飞絮如出一辙，情景皆令人伤心。词的下片写离别之后，景色凄迷，愁思无限。最后两句说：不要说顾得上想明天的事情，今晚就非常难熬，极言痛苦之深。这首词即景抒情，符合周紫芝词“清丽婉曲”（孙竞《竹坡词序》）的特点。

宋·李清照

凤凰台上忆吹箫

香冷金猊，被翻红浪[①]，起来慵自梳头。
任宝奁[②]尘满，日上帘钩。
生怕[③]离怀别苦，多少事、欲说还休。
新来瘦，非干病酒[④]，不是悲秋。

休休[⑤]。这回去也，千万遍阳关[⑥]，也即难留。
念武陵[⑦]人远，烟锁秦楼。
惟有楼前流水，应念我，终日凝眸[⑧]。
凝眸处，从今又添，一段新愁。

注释

①金猊（ní）：涂金的狮形香炉，香气从狮口喷出。

②宝奁（lián）：贵重的镜匣。

③生怕：最怕。

④非干：不相干，即无关。病酒：醉酒，中酒。
⑤休休：罢了。
⑥阳关：指送行时所唱的曲子。
⑦武陵：地名，这里用来借指作者丈夫所去的地方。
⑧凝眸：注视。

评 析

这首词是李清照与其丈夫赵明诚分别时写的，赵李二人夫妻情深，志趣相投，所以即使小别，也使灵心善感的女词人难以承受，故形诸笔墨，为我们留下了这一写离情的名篇。这首词作于赵明诚临行前，“香冷金猊”五句，说自己夜间辗转难眠，清晨懒起梳头，此句系用《诗经·伯兮》“自伯（指丈夫）之东，首如飞蓬，虽有膏沐，谁适为容”语意。因为懒得梳头，所以任梳妆台布满灰尘。“生怕”二句，道出欲诉不能的离情。“新来瘦”三句，直言自己消瘦是为离愁所苦。词写到此，已将未别时情态写足。下片即设想离别后的情况，分三层落笔：第一层为“休休”四句，是说丈夫此去是挽留不住的，用的是《阳关三叠》的典故；第二层“念武陵人远”二句，用刘晨、阮肇之离开仙女回家（即词中离开武陵之意）比喻赵明诚离家；最后六句为第三层，写明诚去后，自己将终日愁眉不展，平添新愁。

这首词是一首著名的闺情词，陈廷焯《云韶集》评为“婉转曲折，煞是妙绝”，甚确。

宋·程垓[1]

酷相思

月挂霜林寒欲坠。
正门外、催人起，奈[2]离别如今真个是[3]。
欲住也、留无计。欲去也、来无计。

马上离魂衣上泪。
各自个、供憔悴。问江路梅花开也未。
春到也，须频寄。人到也，须频寄[4]。

注 释

①程垓，字正伯，号书舟，四川眉山人，生卒年不详，与苏轼为中表亲，有《书舟词》一卷。

②奈：奈何。

③真个是：即真是，“个”字无义。

④这几句暗用陆凯寄范晔诗：“折梅逢驿使，寄与陇头人。”

评 析

杨慎《词品》说此词是有“本事”的，程垓“与锦江某妓眷恋甚笃，别时作《酷相思》”。词的上片写分手时的痛苦：还是月夜时分，男主人公就必须起身远行了，本来最怕的是离别，如今这一天终于等到了。自己想留下来，又找不到借口；这次离开了，将来又没有归来的理由，真是进退两难。然而离别毕竟是眼前的现实，故下片写道：“马上离魂衣上泪，各自个、供憔悴。”马上离魂，指行者临行时黯然销魂；衣上泪，指佳人泪洒衣襟。当然，这句也可理解为互文见义。二人分手后，各自伤心憔悴。后几句当为女子告诫男子的痴情之语，你到了目的地之后，看看梅花开了没有，如果开了，在春天时，应频频寄来；人到彼处之后，亦应频频寄来。这两句语序似散乱，实则道出一片真情，而且化用陆凯寄范晔之诗而浑然无迹。

《酷相思》这一词牌，为程垓所创，题目恰如其分地表现了其心情。

宋·吴文英

莺啼序

残寒正欺病酒，掩沉香绣户[①]。
燕来晚、飞入西城，似说春事迟暮。
画船载、清明过却，晴烟冉冉吴宫树[②]。
念羁情游荡，随风化为轻絮[③]。

十载西湖，傍柳系马，趁娇尘软雾[④]。
溯红渐、招入仙溪，锦儿偷寄幽素[⑤]。
倚银屏、春宽梦窄[⑥]，断红湿、歌纨金缕[⑦]。
暝堤空，轻把斜阳，总还鸥鹭[⑧]。

幽兰旋老，杜若还生，水乡尚寄旅。
别后访，六桥无信，事往花委，瘗玉埋香，几番风雨[⑨]。
长波妒盼，遥山羞黛，渔灯分影春江宿。
记当时、短楫桃根渡[⑩]。

青楼仿佛，临分败壁题诗，泪墨惨淡尘土。
危亭望极，草色天涯，叹鬓侵半苎[11]。
暗点检、离痕欢唾，尚染鲛绡，
亸[12]凤迷归，破鸾[13]慵舞。
殷勤待写，书中长恨，蓝霞辽海沉过雁，
漫相思、弹入哀筝柱。
伤心千里江南，怨曲重招，断魂在否？[14]

注释

①“残寒”二句：这两句说自己因醉酒得病，又为春寒所苦，百无聊赖地关上窗户。沉香：沉香木。

②“画船”二句：这二句写清明后乘画船游西湖所见的景色。吴宫：泛指南宋宫苑。

③“念羁情”二句：这两句说自己的情思，也随春风化成轻絮飘然而去。羁情：离情，旅思。

④“十载西湖”三句：这三句叙述作者客居杭州十年，曾在西湖尽情游赏。娇尘软雾：指西湖上因游人众多，车水马龙而起的尘雾。

⑤“溯红”二句：这两句写自己的一次艳遇。仙溪：暗用刘晨、阮肇入天台山遇到仙女的故事，见《幽明录》。锦儿：是钱塘妓女杨爱爱的侍婢，见洪遂《侍儿小名录》。

⑥“倚银屏”句：这句写自己与情人聚合时间的短促。银屏：镀银的屏风。春宽梦窄：指春长梦短。

⑦“断红”句：此句写惜别时恋人泪如雨下。断红湿：泪湿。歌纨：歌扇。金缕：金线绣成的舞衣。

⑧“暝堤”三句：写夜色渐至，游人散去，暗示二人已分离。

⑨“六桥”四句：花、玉、香均指恋人，这几句写恋人已去世。六桥：指西湖的堤桥。花委：即花萎、花谢。

⑩桃根渡：泛指离别之处。用王献之与妾桃叶、桃根姐妹分别时作《桃叶歌》故事。此处桃根亦指作者的恋人。

⑪苎：白色的苎麻，比喻白发。

⑫亸：同軃（duǒ），下垂。

⑬破鸾：刘敬叔《异苑》：“罽宾王有鸾，三年不鸣。夫人曰：‘闻鸾见影乃鸣。’乃悬镜照之，中宵一奋而绝，故后世称为鸾镜。”

⑭“伤心”三句：《楚辞·招魂》：“目极千里兮伤春心，魂兮归来哀江南。”这里用此意追悼情人。

评 析

《莺啼序》是词中最长调，共四叠，二百四十字，是吴文英所创。

词的第一段借暮春之景兴起离情，以归燕、画船、吴宫等典型事物概括清明以后西湖的景色，“念羁情游荡，随风化为轻絮”，是说往日情缘如今已如风流云散，不可复得。第二段追叙西湖旧游，主要是回忆当时湖上的一次艳遇，以及聚会之后又匆匆分手的情景。第三段写别后情景，词人因思念情人而旧地重游，得知情人已经仙去（逝世），只能寻见当年二人分手时壁间的题诗，而且题诗壁已毁坏，墨迹惨淡，与尘土混在一处。第四段抒发相思的情怀。目极天边，情人无踪无影；自己哀叹年华空老，想把这种生死不渝的恋情弹入哀筝而又叹息爱人的断魂恐难招回。这是第二、三段所记情事的必然结局。

据夏承焘先生说，吴文英词集中写爱情者，凡是时令为春天、地点为杭州者，都是悼念杭州亡妾的作品。此词应当是其中之一。这首词是词史上的名著，陈廷焯《白雨斋词话》评为“全章精粹，空绝千古。”陈洵《海绡说词》评曰：“通篇离合变幻，一片凄迷，细绎之，正字字有脉络，然得其门者寡矣。”说得都不错。这首词用大开大合的笔法，写悲欢离合的深情，其结构曲折回环而又收纵自如，但其中用典过多，文字亦显过于典雅，故与本色当行之词相比，难免有隔膜之感，所以张炎《词源》曰：“吴梦窗词，如七宝楼台，眩人眼目，碎拆下来，不成片段。”

唐多令·惜别

何处合成愁，离人心上秋①。
纵芭蕉、不雨也飕飕②。
都道晚凉天气好，有明月，怕登楼。

年事③梦中休，花空烟水流。
燕辞归、客尚淹留④。
垂柳不萦裙带⑤住，漫长是，系行舟。

注 释

①“何处”二句：“心”与“秋”二字，心上秋合起来成一个“愁”字。这两句点明“愁”字来自惜别伤离。

②飕飕（sōu）：风雨声。此句言即使天不下雨，芭蕉也仍然发出飕飕的秋声。

③年事：往年的情事，即往年感情方面的遇合。

④“燕辞归”句：曹丕《燕歌行》：“群燕辞归鹄南翔，念君客游多思肠，慊慊思归恋故乡，君何淹留寄地方。”客：作者自称。淹留：久留。这句意为燕归而人犹未归。

⑤裙带：暗指别去的女子。

评 析

吴文英在苏州时曾经有一位侍妾，后因故离去，文英词中关于秋天以苏州为背景的爱情词，均写与此女之爱情。

词的上片即景抒写离情。“何处合成愁”二句点出离愁，“纵芭蕉”二句写时值深秋，风气天寒，“都道晚凉天气好”三句是说人们都喜欢秋凉，自己却因离别发生在秋天，所以每到秋天就越发痛苦。

下片写往事如梦，燕已辞归，自己仍滞留异乡，无法回去，最后三句“垂柳不萦裙带住，漫长是，系行舟”，是说垂柳绾不住别去姬人的裙带，即留不住她，却只将自己的行舟系住，使自己无法离开，也无法赶上她。

此词格调相当清新，语言颇为质朴，其风格接近民间小令，全篇皆未用典故，明白如话，与前选吴文英《莺啼序》风格截然不同。故清人王士禛《花草蒙拾》指出：此词“与龙辅《闺怨》诗‘得郎一人来，便可成仙去’同是《子夜》变体。”指出此词受到《子夜歌》的影响，颇为有理。

宋·蒋捷①

一剪梅·舟过吴江②

一片春愁待酒浇，江上舟摇，楼上帘招。
秋娘度与泰娘娇③，风又飘飘，雨又萧萧。

何日归家洗客袍？
银字笙调④，心字香⑤烧。
流光容易把人抛，红了樱桃，绿了芭蕉⑥。

注　释

①蒋捷，字胜欲，南宋词人，阳羡（今江苏宜兴）人，南宋度宗咸淳十年（1274）进士，入元后隐居不仕。

②吴江：今江苏县名，在苏州之南，太湖之东。

③“秋娘”句：作者在另一首《行香子》词中说：“过窈娘堤，秋娘渡，泰娘桥。”可见此词中“度”应作“渡”，“娇”应作“桥”。秋娘渡、泰娘桥，都是吴江的地名。

④银字笙：笙上用银作字以表示音色的高低。

⑤心字香：褚人获《坚瓠集》："按心字香，外国以花酿香，作心字焚之。"另一说，杨慎《词品》："所谓'心字香'者，以香末萦篆成心字也。"

⑥"流光"三句：是说岁月飞驰催人老去，如今初夏又到，归家却仍无期。

评 析

词的上片写客愁。船过吴江时客人在船上，远望岸边酒楼，酒帘招展。"春愁待酒浇"是想借酒浇愁而不可得，风雨只有增加愁思。词的下片写离情。先是想到不知自己何时才能回家，洗去衣上的征尘，然后又想到闺人在家调笙焚香，为自己默祷平安。可是时光易逝，年华易老，不知不觉之间，一年又已过去，不知何时才能归家团聚。清人李佳《左庵词话》卷上说此词末五句"久脍炙人口"。刘熙载《艺概·词曲概》说蒋捷词"洗炼缜密，语多创获"，评之为"长短句之长城"，是很恰当的评价。

金·元好问[1]

西楼曲

游丝落絮春漫漫，西楼晓晴花作团。
楼中少妇弄瑶瑟，一曲未终坐长叹。
去年与郎西入关，春风浩荡随金鞍。
今年匹马妾东还，零落芙蓉秋水寒。
并刀不剪东流水[2]，湘竹年年泪痕紫[3]。
海枯石烂两鸳鸯，只合双飞便双死。
重城车马红尘起，干鹊[4]无端为谁喜。
镜中独语人不知，欲插花枝泪如洗。

注释

①元好问（1190—1257），字裕之，太原秀容（今山西忻州）人，自号遗山山人。是金代著名的诗人、词人、诗论家，金被元灭亡之后，他隐居不仕，搜集金朝历史文献，编有《中州集》《壬辰杂编》二书，成为元人修

《金史》的重要材料。好问晚年诗风也变得悲凉慷慨。

②“并刀”句：唐人诗：“焉得并州快剪刀，裁取吴淞半江水。”此用其意。

③“湘竹”句：相传帝舜出巡，死于苍梧之野，二妃娥皇、女英追至洞庭湖边，泪洒竹上，竹变成“斑竹”，此用其事。

④“干鹊”句：《西京杂记》：“干鹊噪，行人至。”

评 析

此诗写一位独处高楼深闺的少妇的离愁。春光烂漫，阳光灿烂，花团锦簇，楼中少妇独坐抚琴，一曲未终便喟然长叹：去年与如意郎君一起入关，那时是多么春风得意；今年我独自匹马东归，飘零憔悴，真是今非昔比。想到此处，我不禁悲从中来。好在我俩爱情深厚，一定会双飞双死。城中传来车马声，干鹊叫了起来，恐怕是爱人归来了吧，结果却是一场空欢喜。我唯有对镜独语，泪流满面。刻画女性痴情心态相当感人。

有人认为此诗可能与蒙古入侵金国有关，诗中的男子有可能已死于战乱，故少妇哀恸欲绝，落花流水、湘竹鸳鸯都令她伤心，可备一说。沈德潜《说诗晬语》说此诗“于回翔曲折处感人”，正是看到了这一深层内涵。

织女图[2]

兰闺织锦秦川[3]女，大姬哑哑弄机杼。
小姬织倦何所思，帘幕无人燕双语。
成都花发江水春，门前马嘶车辚辚[4]。
髻鬟两珥看欲堕，蛾眉八字[5]画不伸。
行人一去无消息，冰蚕[6]吐丝成五色。
柔肠九曲细于丝，万缕春愁正如织。
绮窗睡起闻早莺，西楼月落金盘倾。
暖霞拂地海棠晓，香雪泼户梨花晴。
日长深院机声动，梭影穿花飞小凤。
水心惊起鸳鸯栖，花底不成蝴蝶梦。
纤纤玉指柔且和，香钩[7]小袜裁春罗。
满怀心事付流水，荡日云锦生层波。
佳人自古多命薄，风里杨花随处落。

岂知丑妇嫁田家，生则同衾死同椁。

君不闻长安市上花满枝，东家蝴蝶西家飞。

笼中鹦鹉唤新主，门里侍儿更故衣。

又不闻田家妇，日扫春蚕宵织布。

催租县吏夜打门，荆钗布裙夫短裤。

我题此画三嗟吁，百年丑好皆虚无。

排云便欲叫阊阖⑧，为我献上豳风图⑨。

注 释

①萨都剌，字天锡，号直斋，生卒年不详，嘉泰四年（1327）进士，其诗在元代享有盛名，虞集《清江集序》云："进士萨天锡者最长于情，流丽清婉，作者皆爱之。"

②织女图：又题作《题寿监司所藏美人织锦图》，是一首题画诗。

③秦川：今陕西一带。

④"门前"句：大门外战马叫，军车响，指织女的丈夫出门打仗。

⑤蛾眉八字：指织女皱眉。

⑥"冰蚕"句：据《拾遗记》：冰蚕长七寸，黑色，有角，有鳞；作茧长一尺，其色五彩。织为文锦，入水不湿；投之于火，经宿不燃。

⑦香钩：妇女的小脚（古代妇女有裹脚的习惯）。

⑧阊阖：传说中的天宫之门。

⑨《豳风图》：元代画家赵孟頫所画的图，题有《诗·豳风·七月》，诗中叙述豳地农民的生产劳动和生活。

评 析

这首题画诗写的是征人妇的离情，诗中先用较多笔墨写织女心灵手巧，因思念丈夫而柔肠九折。然后由此产生联想，根据诗中描写，诗中的织锦女子显然出身富贵人家，但因丈夫远行，虽然自己锦衣玉食，却无丝毫欢乐可言，佳人薄命，自古而然，反倒不如嫁到田家的丑妇，生共衾，死同椁，虽然县吏催租，但总可以荆钗短裤，夫倡妇随。最后归结为希望当权者不要再发动战争，减轻租税，使百姓过上幸福、平静的生活。

诗的语言十分清丽，常用反衬手法，如用“燕双语”反衬织女“帘幕无人”；以蚕丝之细比喻织女情思缠绵；以鸳鸯、蝴蝶图案反衬织女之孤独等，十分耐人寻味。

元·周权[1]

采莲曲[2]

越溪女郎[3]十五六，翠绾香云双凤蹙[4]。
嫣然一笑似花妍，艳试新装照湖绿。
罗衣露浥红芳秋，少年陌上情绸缪[5]。
兰桡[6]容与隔花语，惊散鸳鸯生晚愁。
莲花莫折茎有刺，藕丝易断针难度。
清歌一曲入湖烟，空载香风满船去。

注释

①周权，字衡之，别号此山，处州人，元朝诗人。其诗为袁桷赏识，荐于朝廷而不就，遂潜心诗作。

②采莲曲：古乐府旧题。《古今乐录》：“梁天监十一年冬，武帝改西曲制江南上云乐十四曲，……三曰采莲曲。”

③越溪女郎：泛指苏、杭一带的水乡姑娘。

④“翠绾”句：指少女双鬟的梳妆。香云：女子秀发。

⑤绸缪：缠绵。

⑥兰桡：用香木做的船桨，代指采莲船。

评 析

这是一首情歌，而且不是普通的情歌，是在劳动中产生爱情后所作的情歌。诗的前四句说，一位十五六岁的少女打扮得花枝招展，到湖中采莲，这时湖边传来少年求爱的情歌，少女则运用藕断丝连的双关语，给男孩子一个不置可否而又未曾令其完全绝望的回答，末尾“清歌”二句余音袅袅，言有尽而意无穷，深得民歌之三昧。顾嗣立《元诗选》评其诗曰：“简淡和平而语多奇隽者也。”正可用此评这首诗。

明·屈安人[1]

送夫入觐

君往燕山去，弃妾洛水傍。
洛水向东流，妾魂随飞扬。
丈夫轻离别，所志在四方。
努力事明主，肯为儿女伤。
君有双老亲，垂白坐高堂。
晨昏妾定省，喜惧君自量。
珍重复珍重，丁宁须记将。
既为远别去，饮余手中觞。
莫辞手中觞，为君整行装。
阳关歌欲断，柳条丝更长[2]。

注 释

①屈安人：华阴人，副都御史屈直之女，参议韩邦靖之妻。

②“阳关”二句：王维《送元二使安西》：“渭城朝雨浥轻尘，客舍青青柳色新。劝君更进一杯酒，西出阳关无故人。”此诗中阳关、柳条皆用此诗之意。

评 析

此诗的背景是，屈安人的丈夫入京朝见皇帝，临别时，多才而多愁善感的屈安人作此诗送给丈夫，诗写得相当婉曲，而语言相当质朴，纯用白描，却感人至深。诗先说良人进京，将我丢在家乡洛阳一带。“我”的心儿，也随您飞向北方。然后又劝勉丈夫，男儿有四方之志，努力尽忠明主，是好事，家中的公婆有“我”来侍奉，您就放心吧。最后一层写对临行的丈夫千叮咛万嘱咐，劝其多多珍重，二人饮尽离别酒，“我”折柳为夫君送别。

此诗将屈安人既不忍分别又深明事理，对丈夫十分关心的心态写得相当细腻、真实。《明诗别裁》评曰：“闺阁诗尽洗金粉，独标高格，既取风雅，亦用垂教，别于时俗金粉之习。”所论颇为精当。

明·黄安人[1]

寄外[2]

雁飞曾不度衡阳，锦字何由寄永昌[3]。
三春花柳妾薄命，六诏[4]风烟君断肠。
曰归曰归愁岁暮[5]，其雨其雨[6]怨朝阳。
胡闻空有刀环约[7]，何日金鸡下夜郎[8]。

注 释

①黄安人：黄珂之女，著名文人杨慎的继室。

②寄外：寄给丈夫。古时男子主外，故称外；女子（妻子）主内，故称内人、内子。

③永昌：在云南，杨慎因故被谪戍永昌卫，达三十余年。

④六诏：泛指云南一带荒蛮之地。

⑤“曰归”句：用《诗·小雅·采薇》“曰归曰归，岁亦暮止”之意，言丈夫到岁末仍未归来。

⑥其雨其雨：用《诗经·卫风·伯兮》："自伯之东，首如飞蓬。岂无膏沐，谁适为容？其雨其雨，杲杲日出。愿言思伯，甘心首疾。"大意说：自从丈夫离开，"我"头发乱蓬蓬的，虽然有化妆品，但打扮给谁看呢？我思念丈夫，甘心头痛。"其雨"二句是说我说天要下雨，它却晴天；我说丈夫要回来，他却不归。

⑦刀环约：汉朝使人至匈奴劝李陵归汉，使者与李见面，用手屡次摸自己的刀环。因环、还同音，暗示劝陵归汉。此处喻离别相思之意。

⑧夜郎：在今贵州，是杨慎返乡（四川新都）必经之地。

评析

杨慎（1488—1559），字用修，号升庵，明武宗正德六年（1511）状元，授翰林院修撰，后谪戍永昌，投荒三十余年，死于贬所。他诗才卓绝，学问渊博，是明代最著名的学者，有《升庵集》传世。此诗作者黄安人，是杨慎的继室，此诗是寄给远在永昌的杨慎的。

诗的前两句说，相传北雁南飞，至衡阳而止，虽说雁足可以传书，但写成的锦字书（用锦字回文诗之典）又怎能寄到比衡阳更南的云南呢？"三春"两句，上句写三春时分，黄氏自感伤心，下句写杨慎处南荒，亦当断肠。五六句连用《诗经》，上句盼丈夫归来，而岁暮仍未归；下句写自己从丈夫走后，无心梳洗，百无聊赖。末二句写丈夫空有归来之约，却无法实现，不知何日可还乡与亲人团聚。

此诗的特点是多借典故、古诗来抒情，加深了诗的内涵。

明·刘基[1]

千秋岁

淡烟平楚[2]，又送王孙去。
花有泪，莺无语。
芭蕉一寸心，杨柳丝千缕。
今夜雨，定应化作相思树[3]。

忆昔欢游处，触目成前古。
良会知何许？
百杯桑落酒[4]，三叠阳关[5]句。
情未了，月明潮上迷津渚。

注释

①刘基（1311—1375），字伯温，青田（今属浙江）人。元末进士，官高安丞，有廉直之称，后弃官归。明太祖定括苍，聘至金陵，佐太祖定天下，授太史令，累迁御史中丞。封诚意伯，以弘文馆学士致仕。有《诚意伯集》。

②平楚：平野。《天录识余》："平楚，丛木也，登高望远，见木杪如平地，故云平楚。"

③相思树：左思《吴都赋》："榴楠之木，相思之树。"注云："相思，大树也……其实如珊瑚。"又据《搜神记》载：韩凭妻为宋康王所夺，凭自杀，妻亦投台下死。后冢上生交梓树，屈体相就，根交于下，号曰相思树。

④桑落酒：《霏雪录》："河东桑落坊有井，每至桑落时，取水酿酒甚美，故名桑落酒。"

⑤三叠阳关：唐人王维《送元二使安西》诗："渭城朝雨浥轻尘，客舍青青柳色新。劝君更进一杯酒，西出阳关无故人。"后歌入乐府，为送别之曲。反复歌之谓之《阳关三叠》，又曰《渭城曲》。

评 析

这是一首以女性口吻写成的离别词。词的上片写眼前送别的情景。"淡烟平楚"二句说在烟雾迷蒙中送情人远去，"又送"表明离别已非止一次。"花有泪"二句，借自然景物写自己伤心之情。"芭蕉一寸心，杨柳千万缕"，则以"芭蕉"之忠心、杨柳枝之缠绵比喻自己对爱情的执着，故上片末尾二句顺理成章地说："今夜雨，定应化作相思树。"用韩凭夫妻为爱情而死，死后化为相思树的典故，表明自己对爱情的忠贞。下片写良人去后情景。二人昔日欢游之处，已成陈迹，而后会无期，只能借酒浇愁，唱一唱充满离情别意的《阳关三叠》。直至月明时分，自己仍痴痴地望着送别的津渚，情不能已。此词将爱情心理刻画得相当深刻、细腻。

明·杨慎[1]

转应曲

银烛[2]，银烛，锦帐罗帏影独。

离人无语消魂，细雨斜风掩门。

门掩，门掩，数尽寒城漏点[3]。

注 释

①杨慎（1488—1559），字用修，号升庵，新都（今属四川）人。正德六年进士第一及第。以直谏忤旨，被明世宗廷杖，谪戍云南永昌数十年，死于贬所。他博闻广识，著作等身，是明代最有名的学者。有《升庵集》。

②银烛：是说蜡烛光焰皎洁如银。杜牧《秋夕》诗：“银烛秋光冷画屏，轻罗小扇扑流萤。”

③漏点：古代计时所用漏壶的更点。

评 析

这首词写别离后的痛苦，亦以女性口吻写出。“银烛”三句，写女主人公身分高贵，凡一切器用如银烛、锦帐、罗帏皆极雍容华贵，然而令人无奈的是，如此精美的物质享受，却不能给她带来丝毫的快乐，因为事情的根源在于“影独”，她形单影只，故无情无绪。下面二句自然写道：“离人无语消魂，细雨斜风掩门。”女主人公孤独无语，又当细雨斜风之时，只有掩门长叹，独宿空房。但掩门上床之后，她又彻夜难眠，数尽了更漏声，直到五更仍未能入睡，写出了女主人公的刻骨相思及离别之痛。

《转应曲》，唐人戴叔伦创调，又名《调笑令》。其特点是笔意回环，音调宛转，此词情味与戴叔伦原作相似，颇得其神理。

清代民歌

豌豆开花花蕊[1]红

豌豆开花花蕊红，太平军哥哥一去影无踪。我做件新衣等他穿，我砌间新屋留他用。只见雁儿往南飞，不见我哥哥回家中。

豌豆开花花蕊红，太平军哥哥一去影无踪。我早上等到黄昏后，我三月等到腊月中。只见雁儿往南飞，不见我哥哥回家中。

豌豆开花花蕊红，太平军哥哥一去影无踪。老年的母亲哭得头发白，年轻的姐姐哭得眼儿红。只见雁儿往南飞，不见我哥哥回家中。

豌豆开花花蕊红，豌豆结荚[2]好留种。来年种下小豌豆，开满了鲜花到处红[3]。太平军哥哥五个字，永远记在人心中。

注　释

①花蕊：花心。

②荚（jiá）：豆类的果实。

③“来年”两句：比喻太平军播下的种子总有一天还会开花结果。

评 析

这首民歌是太平天国革命失败之后，流行于苏南一带的，通篇写一位姑娘对情郎——太平军哥哥的怀念，表达了对太平军的向往及必胜的信念。

全诗分为四层，每层皆以“豌豆开花花蕊红”起兴。第一层写姑娘思念太平军哥哥，为他做了新衣，砌了新屋，暗示将与他白头偕老，但他却音讯全无。第二层写姑娘一年四季，一天到晚苦苦等待，盼望情哥哥回到家中。第三层写哥哥不归，家中老母、姐姐非常想念他。第四层暗示太平军哥哥恐怕回不来了，但太平军播下的种子，将会发芽、开花、结果，革命终将胜利，人们将永记太平军的功绩。

清·黄遵宪[1]

今别离

别肠转如轮，一刻既万周。
眼见双轮驰，益增心中忧。
古亦有山川，古亦有车舟。
车舟载离别，行止犹自由。
今日舟与车，并力生离愁。
明知须臾景，不许稍绸缪。
钟声一及时，顷刻不少留。
虽有万钧柁，动如绕指柔[2]。
岂无打头风[3]，亦不畏石尤[4]。
送者未及返，君在天尽头。
望影倏不见，烟波杳悠悠。
去矣一何速，归如留滞不？
所愿君归时，快乘轻气球。

朝寄平安语，暮寄相思字。
驰书迅如电，云是君所寄。
既非君手书，又无君默记；
虽署花字名，知谁箝纸尾？
寻常并坐语，未遽悉心事；
况经三四译，岂能达人意？
只有斑斑墨，类似临行泪。
门前两行树，离离到天际；
中央亦有丝，有丝两头系。
如何君寄书，断续不时至？
每日百须臾，书到时有几？
一息不见闻，使我容颜悴。
安得如电光，一闪至君旁。

开函喜动色，分明是君容。
自君镜奁来，入妾怀袖中。
临行剪中衣，是妾亲手缝。
肥瘦妾自思，今昔将毋同。
自别思见君，情如春酒浓。
今日见君面，仍觉心忡忡。
揽镜妾自照，颜色桃花红。
开箧持赠君，如与君相逢。
妾有钗插鬓，君有襟当胸。

双悬可怜影，汝我长相从。
虽则长相从，别恨终无穷。
对面不解语，若隔山万重。
自非梦来往，密意何由通？

汝魂将何之，欲与君追随。
飘然渡沧海，不畏风波危。
昨夕入君室，举手牵君帷；
披帷不见人，想君就枕迟。
君魂倘寻我，会面亦难期；
恐君魂来日，是妾不寐时。
妾睡君或醒，君睡妾岂知？
彼此不相闻，安怪相参差？
举头见明月，明月方入扉。
此时想君身，侵晓刚披衣。
君在海之角，妾在天之涯。
相去三万里，昼夜相背驰。
眠起不同时，魂梦难相依。
地长不能缩，翼短不能飞。
只有恋君心，海枯终不移。
海水深复深，难以量相思。

注释

①黄遵宪（1848—1905），字公度，广东嘉应州（今广东梅县）人，清光绪初中举，先后在美、日、英、南洋等地任外交官，后来曾参加戊戌变法。遵宪在政治上主张学习西方来强国富民。作为诗人，他是“诗界革命”的主将，主张“以旧风格含新意境”，诗歌成就颇高，有《人境庐诗草》。

②“虽有”二句：万钧柁，指柁分量极重，一钧为三十斤。“绕指柔”用刘琨诗“何意百炼钢，化为绕指柔。”原意是痛惜人之变节，此处系借用，说明柁虽沉重，仍操纵自如。

③打头风：逆风。白居易《小舫》诗：“黄柳影笼随棹月，白苹香起打头风。”

④石尤：传说石姓女子嫁给尤郎，尤经商远行，妻阻不听，妻思念成疾，临终时说：今后凡有商旅远行，我都将化作大风为天下妇人阻之。所以后人称逆风、顶头风为石尤或石尤风。

评析

以别离为题，在唐代乐府诗中极为常见，宋人郭茂倩《乐府诗集》卷七十二《杂曲歌辞》十二就收入古别离、生别离、长别离、远别离、久别离诸题，也收入一首崔国辅的《今别离》，诗仅四句：“送别未能旋，相望连水口。船行欲映舟，几度急摇手。”黄遵宪这组诗，一方面继承了乐府旧题，主旨仍写别离，但容量大大增加，由崔国辅的五绝变为四首五古，字数增加数十倍。组诗写一位女子，丈夫远行，飘洋过海至西半球，妻子在家思念亲人的种种情事，其题材为相思离别，并非创新，其内容却有鲜明的时代气息。组诗随着女主人公的爱人逐渐远去且分别日久而逐步展开描写。第一首写爱人先乘火车、后将乘轮船远去；第二首写爱人从远方发来电报，自己也希望能像电报一样“一闪至君旁”；第三首写爱人寄来照片，可惜“对面不解语，若隔山万重”。第四首就古人魂梦相通之意展开联想，由于自己处在东半球，丈夫处西半球，故彼睡己醒，彼醒己睡，也绝无可能在梦中相会，然而“只有恋君心，海枯终不移”，表现出对爱情的无比执着。诗中所写火车、轮船、电报、照片都是西方文明的新事物，东西半球昼夜相反的道理，是西方科学新观念，故题材虽旧而内容却新，是“诗界革命”实践的代表作，所以清末大诗人陈三立推为“千年绝作”，并非虚语。

清·纳兰性德

浣溪沙

记绾长条欲别难①，盈盈自此隔银湾②。
便无风雪也摧残。

青雀③几时裁锦字④，玉虫连夜剪春幡⑤。
不禁辛苦况相关。

注 释

①“记绾（wǎn）长条”句：谓两情相悦，如柳条系住，不易分离。绾：钩系。长条：柳条。《唐诗纪事》：“雍陶典阳安，送客至情尽桥，问其故，左右曰：‘送迎之情止此，故名。’陶命笔为一诗云：‘从来只有情难尽，何事名为情尽桥？自此改名为折柳，任他离恨一条条。’”

②“盈盈”句：谓情人离别，如牛郎织女，隔了一条银河。盈盈：清浅貌。《古诗》：“盈盈一水间，脉脉不得语。”银湾：银河。

③青雀：《洞冥记》：“有女人爱悦于帝（汉武帝），名曰巨灵。帝傍有青珉唾壶，巨灵出入其中。东方朔望见，目之，因飞去，化为青雀。帝乃起青雀

台，时见青雀来，不见巨灵也。”

④锦字：指苏蕙所作的织锦回文诗。

⑤“玉虫”句：谓连夜在灯下剪春旛。玉虫：灯花。范成大诗：“今朝合有家书到，昨夜灯花缀玉虫。”春旛：《梦华录》：“立春日……士大夫家，剪彩为小旛，谓之春旛，或悬于家人之头，或缀于花枝之下，或剪春蝶、春钱、春胜以为戏。”

评 析

这是一首离情词，词的主旨是极言离别对人的摧残。“记绾长条欲别难”，是说折柳送别，二人分离。“盈盈自此隔银湾”，写二人从此天各一方，如同牛郎织女隔银河相望。“便无风雪也摧残”，是说即使没有风雪交加，仅仅是离别，对人感情上的摧残也就够厉害了。下片“青雀”二句是说春天到了，她的书信写了没有呢？我连夜在灯花下等待着。宋人赵师秀诗云：“有约不来过夜半，闲敲棋子落灯花。”“闲敲棋子”与“落灯花”同一意境。词的结句说：怀人很辛苦，何况她还是与自己情意相关的人呢？读到下片，我们才觉得，抒情主人公应当是位男性。

周之琦《箧中词》评纳兰容若词“格高韵远，极缠绵婉约之致”，于此词可见。

清·周之琦①

思佳客②

帊上新题间旧题③，苦无佳句比红儿④。
生怜桃萼初开日，那信杨花有定时？

人悄悄，昼迟迟，殷勤好梦托蛛丝⑤。
绣帏金鸭⑥薰香坐，说与春寒总不知。

注释

①周之琦（1782—1862），字稚圭，号退庵，河南开封人。嘉庆十三年（1808）进士，历任翰林院编修、广西巡抚等职。有《心日斋词》四种。

②《思佳客》，即《鹧鸪天》之异名。

③“帊上”句：写在手帕上新的诗题夹在旧诗题的中间。帊：帕。间：去声，两者之间。

④比红儿：唐代乐妓红儿，善唱歌曲，诗人罗虬为她作绝句百首，号《比红儿诗》，今存。

⑤"殷勤"句：意谓蛛丝随风飘游，会把作者的好梦带给他所思的人。

⑥金鸭：香炉。

评 析

这是一首离情词，主人公是位男性，当与作者的亲身经历有关，所怀念之人，是一位歌姬。词的开头两句说自己在手帕上题写新诗，抄写旧诗，内容都是怀念她的，但可惜自己没有罗虬的诗才，作不出《比红儿》之类的好诗。"生怜桃萼初开日"，言其心上人年华之可爱；"那信杨花有定时"，言其身世飘零之可怜。下片开头三句说自己对她的思念，词人的思念已形诸梦寐。结语二句"绣帏金鸭薰香坐，说与春寒总不知"，则以不知春寒的贵妇人与他所怀念的女子（足见其身世卑微）作对比，寄托着对她的无尽思念与深切关怀。清人谭献评这首词为唐人佳境，"寄托遥深"（评语见《箧中词》），是晏殊《珠玉词》、欧阳修《六一词》的遗音，说得很有道理。

清·谭献①

蝶恋花（二首）

（一）

庭院深深人悄悄。埋怨鹦哥，错报韦郎到。
压鬓钗梁金凤小，低头只是闲烦恼。

花发江南年正少。红烛高楼，争抵还乡好？
遮断行人西去道，轻躯愿化车前草②。

（二）

玉颊妆台人道瘦。一日风尘，一日同禁受。
独掩疏栊如病酒，卷帘又是黄昏后。

六曲屏前携素手。戏说分襟③，真遣分襟骤。
书札平安君信否？梦中颜色浑非旧。

注 释

①谭献（1832—1901），原名廷献，字仲修，号复堂，浙江杭州人。同治六年（1878）举人，曾任歙县等地知县。论词宗常州词派的张惠言与周济。有《复堂类集》。

②“轻躯”句：女子说要遮住车道，不让爱人远去。车前草：中药名，陆玑《诗疏》：“车前一名当道，喜在牛粪迹中生，故名车前当道也。”

③分襟：分别。

评 析

这是两首离情词，以女方口吻写出。陈廷焯《白雨斋词话》评曰：“‘庭院深深’阕，上半传神绝妙，下半沉痛已极，所谓‘情到海枯石烂时’也。‘玉颊妆台’阕，上半沉至语，殊觉哀而不伤，怨而不怒；下半相思刻骨，寤寐潜通，顿挫沉郁，可以泣鬼神矣。”对这两首词的特点把握得很准确。

第一首写离别之前情事。情人觉得虽有红烛高楼，也不如回乡好，故执意归去，女主人公则百般挽留，柔情万种，是说自己要遮住车道，不让情郎远去，说得十分坚决、干脆。第二首写别后相思。情人已去，自己因相思而消瘦，愁肠百结。词的下片先是回想二人同欢时戏说分手之事，没想到如今真的分手，欲寄托相思，只能凭借书信或者梦寐。写得柔情似水，一往情深。

蝶恋花

九十韶光[2]如梦里。寸寸关河，寸寸销魂地[3]。
落日野田黄蝶起，古槐丛荻摇深翠。

惆怅玉箫催别意。蕙些兰骚[4]，未是伤心事。
重叠泪痕缄锦字[5]，人生只有情难死。

注 释

①文廷式（1856—1904），字芸阁，号道希，江西萍乡人。光绪十六年（1890）进士，官翰林侍读学士。甲午之役，劾李鸿章畏葸懦怯，为李所陷，落职。戊戌变法时倾向改良，帮助康有为进行过活动。廷式是清末著名词人，有《云起轩词》。

②九十韶光：指三春。

③销魂：指离别。江淹《别赋》有“黯然销魂者，唯别而已矣”之句。

④蕙些兰骚：指屈原《离骚》。《离骚》曰：“余既滋兰之九畹兮，又树蕙

之百亩。”注:“言已虽见放流,犹种莳众香,修行仁义,勤身自勉,朝暮不倦。”些:语助辞。

⑤缄锦字:指寄封书信。

评 析

这首词写的是离情。词的上片写道:三春如梦,暗示昔日的爱情已如梦幻。“寸寸关河”二句,写如今脚下的寸寸土地,都为自己留下销魂的记忆。“落日”二句则借景物之萧条写相思之苦况。下片写道:远处传来玉箫声,曲中所吹《离骚》中忧国忧民的诗意,还都不是自己眼下最关心的。最后两句“重叠泪痕缄锦字,人生只有情难死”,是写情人寄来沾满泪花的书信,令词人十分感动,由此想到情之所钟,可以超越生死,地久天长。清末著名词人况周颐《定风波》词结句“为有相思能驻景,消领,逢春惆怅似当年”,与文廷式词的末二句用意相似,同为写情词的名句。

胡先骕评文廷式词,说其笔力横恣,可上比苏辛,俯视刘过诸人。又说其婉约词,可以“直入《花间》之室”(《学衡》第二七期胡先骕《评云起轩词钞》)。我们选的这首词,则是风格接近《花间》者,有“秾丽婉约”的特点。

蝶恋花

记得珠帘初卷处，人倚栏干，被酒刚微醉。
翠叶[2]飘零秋自语，晓风吹堕横塘路[3]。

词客看花心意苦，坠粉零香[4]，果是谁相误。
三十六陂[5]飞细雨，明朝颜色难如故。

注　释

①康有为（1858—1927），字广厦，号长素，又号更生，广东南海人。光绪二十一年（1895）进士，官工部主事。参与光绪帝“百日维新”，起草变法诏令。变法失败后，逃亡出国，后沦为保皇党。著有《新学伪经考》《大同书》《万木草堂诗钞》（附词）等。

②翠叶：指荷叶。姜夔《念奴娇·咏荷》：“翠叶吹凉，玉容销酒，更洒菰蒲雨。”

③横塘路：贺铸《青玉案》词：“凌波不过横塘路。”

④坠粉零香：谓荷花零落。

⑤三十六陂：即许多池塘。三十六是虚指，极言其多。姜夔《念奴娇·咏荷》："三十六陂人未到，水佩风裳无数。"

评析

这是一首离情词，其特色是通过观荷来写情，主要化用姜夔《念奴娇·咏荷》的语意。"翠叶飘零""坠粉零香""明朝颜色难如故"等句，表面上是对残荷的感慨，实际上是对人的青春易逝（特别是词中的女性意中人）而无法团聚的感慨，这就是"明朝颜色难如故"一句令人感慨万端的缘故。

蝶恋花

百尺朱楼临大道。楼外轻雷[①]，不问昏和晓。
独倚栏干人窈窕，闲中数尽行人小。

一霎车尘生树杪。陌上楼头，都向尘中老。
薄晚西风吹雨到，明朝又是伤流潦[②]。

注释

①轻雷：指车声。

②流潦：路上的流水。

评析

首词的主旨是离情。上片是写与情人会面之前的各种情景，女主人公独自倚着栏干，等候意中人的到来。等候了很长时间，数尽了路上行人，情人却踪迹全无。下片写会合以后的分离，至于会面时的种种情事，则被词人省略掉了。“陌上楼头，都向尘中老”，是说离愁能使人衰老。辛稼轩词“人言头上发，都向愁中白”，此似化用其意。词的末尾以景语作结，用明天天气会比今天更坏，来烘托离人愁上加愁的愁情。缪钺先生则认为此词可能有寓意，他说：“（王国维）《蝶恋花》（百尺朱楼）一首，则是写朱楼临大道，道上车辆日夕往来，楼上之人凭栏远望，数尽行人。一霎之间，车尘生于树杪，无论是路上或楼中之人都向尘中老去。到黄昏时，风吹雨打，明朝路上又将都是流潦了。此词之意是要说明，在人世中，无论是世俗中人或是自命为超世之人，当世变之来，均受其冲击而不能抵抗，而世变又是难以预测的。”（《王国维学术论文集·王静安诗词述评》）这段话对我们深入理解此词很有帮助。

怨情篇

汉乐府

有所思

有所思，乃在大海南。何用问遗[1]君？
双珠玳瑁簪[2]，用玉绍缭[3]之。
闻君有他心，拉杂摧烧之。
摧烧之，当风扬其灰。
从今以往，勿复相思！
相思与君绝！鸡鸣狗吠，兄嫂当知之。
妃呼豨[4]，秋风肃肃晨风飔[5]，东方须臾高[6]知之。

注 释

①问遗：亲友相馈赠。

②簪：古人用来连接冠和发髻，横穿髻上，两端出冠外。

③绍缭：缠绕。

④妃呼豨：表声字，无意义。

⑤晨风：鸟名，即鹯，与鹞子是同类，飞起来很快。飔：疾速的样子。

⑥高：读为“皓（hào）”，白。

评 析

这是一首情感热烈真挚的民间情歌，前人或评为“此刺淫奔之诗”，或者说“此逐臣见弃于其君之作”，或言此“藩国之臣，不遇而去，自摅忧愤之词”等，皆不免牵强附会。

诗的前五句写女子对远方的情郎怀着真挚的爱情，准备将双珠玳瑁簪寄赠给他，接下来六句写她听说情郎已倾心于别人，不禁将满腔柔情化作仇恨的力量，将准备好的礼物“摧烧之”，并且“当风扬其灰”，告诫自己今后不要再思念这个负心郎。“相思与君绝”至诗末数句，写她由愤怒渐趋冷静之后，欲断不能的种种矛盾、彷徨的复杂心情。诗中写女子回忆当初与情郎幽会，不免有动静，兄嫂已知其详情，如今男子变心，教我如何做人。最后，她又痴情不改，对负心郎恋恋不舍。陈本礼评此二句云：“言我不忍与君决绝之心，固有如皦日也。谓予不信，少待须臾，俟东方高（按：指日出）则知之矣。”（《汉诗统笺》）颇得此诗之底蕴。

白头吟[①]

皑如山上雪，皎若云间月[②]。

闻君有两意[③]，故来相决绝。

今日斗酒会，明旦沟水头[④]。

躞蹀御沟上，沟水东西流[⑤]。

凄凄复凄凄，嫁娶[⑥]不须啼。

愿得一心人，白头不相离。

竹竿何袅袅[7]，鱼尾何簁簁[8]。

男儿重意气，何用钱刀为[9]。

注释

①白头吟：有人认为此诗是司马相如之妻卓文君的作品，实误。《宋书·乐志》认为此诗是汉代的"街陌谣讴"，是。

②"皑如"两句：皑、皎，都是白。这两句为比喻，是说爱人变心这件事已非常明白了。或认为这两句以雪月比自己的纯洁并和对方比照，亦通。

③两意：二心，指情人变心。

④"今日"二句：说今天置酒作最后一次聚会，明早沟边分手。斗：盛酒的器具。

⑤"躞蹀"二句：这两句设想别后自己独行沟边，往日的爱情一去不复返。躞蹀：行貌。御沟：流经御苑或环绕宫墙的沟。

⑥嫁娶：偏义复词，嫁的意思。

⑦竹竿：钓竿。袅袅：动摇貌。

⑧簁（shāi）簁：犹"漇漇"，形容鱼尾像濡湿的羽毛。在中国歌谣里钓鱼常常是男女求偶的隐语，此处表示男女相爱的幸福。

⑨意气：此处指感情。钱刀：即钱。

评析

这首诗写的是一位弃妇的悲吟与怨情。"皑如山上雪，皎若云间月"，既是全篇的起兴之句，又有着深刻的含义，有人说"如雪之洁，如月之明，喻昔日信誓之明也"（王尧衢《古诗合解》）。也有人说"以'山上雪''云间月'之易清易蔽，比起有两意人"（张玉谷《古诗赏析》），这后一说似较牵强。这两句还是理解为双方誓言之皎洁、神圣或女子品情之高洁较妥。“闻君有两意，故来相决绝”二句是说听说男子变心了，女方主动来与他断绝关系。“今日斗酒会”四句，写二人饮酒诀别，各奔东西。“凄凄”四句，说新嫁的女子其实不必哭哭啼啼，只要能得到一位真心爱自己、能白头偕老的爱人，就是人生的大幸。张玉谷评此四句云：“凄凄四句，脱节暗转，盖终冀其变两意为一心而白头相守也。妙在从人家嫁娶时凄凄啼哭，空中指点一妇人同有之愿，不着己身说，而己身在里许。”（《古诗赏析》）所析甚是。结尾四句，用两个比喻说明夫妻当以爱情为基础，金钱不足道，言外之意是指责男方因贪恋钱财抛弃了自己。

这首诗写弃妇形象相当成功，她痴情、冷静、有胆有识，与其“有两意”的心上人恰成鲜明对照，故此诗一直传诵不衰。

怨歌行[①]

新裂[②]齐纨素，鲜洁如霜雪。

裁为合欢扇，团团似明月。

出入君怀袖，动摇微风发。

常恐秋节至，凉飙[③]夺炎热。

弃捐箧笥[④]中，恩情中道绝。

注释

①这首诗旧以为是班婕妤作，又有人认为是李延年作。《文选》李善注引《歌录》作无名氏乐府《古辞》，属《相和歌·楚调曲》。我们将此诗视为

班婕妤作或汉人咏班婕妤身世之作，均可通。

②裂：截断。

③飙：急风。

④箧笥：箱子。

评　析

这是一首咏物诗，通首咏团扇夏天得宠、秋凉后被抛弃之事，实则咏班婕妤初时被宠，后遭冷遇之事。

全诗可截然分为两段。前六句为第一段，写得宠。首二句写团扇素质很好。三四句写扇形极美，暗喻少女出身名门，冰清玉洁。清人评曰："裁为二句，既有此内美，又重之以修能也。"（吴淇《选诗定论》）（按：吴淇评语是借用屈原《离骚》的话，屈原说自己出身既高贵，又有非凡的才能）而诗中的"合欢"，是一种图案，象征着男女相亲相爱。"出入"二句，李善注云："此谓蒙恩幸之时也。"甚确。后四句为第二段：团扇在目前红极一时的情况下，担心秋凉后被冷落，实写班婕妤失宠之隐忧。诗中"秋节""凉飙""炎热""箧笥"等均为双关语，故此诗反映了古代宫廷中妃嫔们普遍的悲剧命运，具有广泛的认识意义。钟嵘《诗品》评此诗云："辞旨清捷，怨深文绮，得匹妇之致。"很有道理。

古诗

冉冉孤生竹

冉冉孤生竹，结根泰山阿①。

与君为新婚，菟丝附女萝②。

菟丝生有时，夫妇会有宜。

千里远结婚，悠悠隔山陂③。

思君令人老，轩车来何迟④。

伤彼蕙兰花，含英扬光辉；

过时而不采，将随秋草萎⑤。

君亮⑥执高节，贱妾亦何为？

注释

①“冉冉”二句：这二句是女主人公说自己本无姐妹兄弟，如孤生之竹，未嫁时靠父母，有如托根于泰山。冉冉：柔弱下垂貌。阿：山曲。

②“与君”句：菟丝、女萝都是蔓生植物，有人认为二者是一物。这两句写嫁后（此指订婚后）不得依靠，丈夫靠不住。

③悠悠：远貌。陂：山坡。

④“轩车”句：轩车是古时大夫乘的车。此句写丈夫久久不来迎娶自己。

⑤“伤彼”四句：以蕙兰自比，蕙兰以芳香与颜色动人，如过时不采就会

和秋草一块枯黄。实际是说人的青春短暂，在相思中老去，令人伤心。

⑥亮：诚信。

评 析

这首诗写一对男女已有婚约（订婚）但尚未拜天地、入洞房，男方迟迟不来迎娶，于是女方有了种种怀疑与哀伤，写了这首诗。

“冉冉”二句说女子本柔弱，必须托身于父母。“与君为新婚，菟丝附女萝”二句，比喻夫妇二人结合，女方有了依靠。“为新婚”，从上下文来看是指订了婚，而男方尚未迎娶。“菟丝生有时”四句是说夫妇应及早相会，不要误了青春，但男方所在之地甚远，迎娶并非易事。“伤彼蕙兰花”四句又用比喻，蕙、兰皆为香草，如今花开正艳，过时不采，将会枯萎。这也是以二花自比，希望男方早日迎娶。亦即唐杜秋娘《金缕衣》“花开当折直须折，莫待无花空折枝”之意。末二句“君亮执高节，贱妾亦何为”，是说相信对方不会变心，自己又何必多虑呢，张玉谷评为“代揣彼心，自安己分”，能得作者之心。这首诗抒情哀怨而又一往情深，是汉代古诗中的佳作。

上山采蘼芜[①]

上山采蘼芜[②]，下山逢故夫。

长跪问故夫：“新人复何如？”

“新人虽言好，未若故人姝[③]。

颜色类相似，手爪[4]不相如。”
“新人从门入，故人从阁[5]去。”
“新人工织缣，故人工织素[6]。
织缣日一匹[7]，织素五丈余。
将缣来比素，新人不如故。”

注释

①此诗《太平御览》题作《古乐府》。

②蘼芜：香草名，旧说蘼芜可使妇人多子。

③姝：好。

④手爪：指纺织等技巧。

⑤阁（gé）：旁门、小门。

⑥缣、素：都是绢。素色纯白，缣色带黄，素贵缣贱。

⑦一匹：长四丈，宽二尺二寸。

评析

这首诗是同情弃妇、批评负心男子的诗。在写法上很有特点，全篇除开头三句交代相逢及暗示夫妻已离异（问故夫）之外，其余均由对话组成，通过这一对过去的夫妻间的对话，层层深入地突出了这位被弃的女子美丽、勤劳、能干的品质，写出了故夫的悔恨之情。虽未指责故夫喜新厌旧、薄情寡义，但这一切均在对话的“言外”暗示出来，能引起读者丰富的联想与思索。张琦评此诗说：“巧拙既殊，钝捷亦异，而爱憎取舍，一切反之。末世录才，大都尔尔。”以为此诗有比兴，故妻之遭遇是末世人才遭遇的写照，可聊备一说。

三国魏·陈琳[①]

饮马长城窟行

饮马长城窟，水寒伤马骨。
往谓长城吏："慎莫稽留太原卒[②]。"
"官作自有程[③]，举筑谐汝声[④]。"
"男儿宁当格斗[⑤]死，何能怫郁筑长城？"
长城何连连，连连三千里。
边城多健少，内舍多寡妇。
作书与内舍："便嫁莫留住！"
善事新姑嫜[⑥]，时时念我故夫子！"
报书往边地："君今出言一何鄙？"
"身在祸难中，何为稽留他家子[⑦]？
生男慎莫举，生女哺用脯。
君独不见长城下，死人骸骨相撑拄[⑧]？"

"结发行事君，慊慊心意关，
明知边地苦，贱妾何能久自全？"

注 释

①陈琳（？—217），字孔璋，广陵（今江苏省江都县东北）人，曾为袁绍掌书记，后归曹操，为"建安七子"之一，今存诗四篇。

②"慎莫"句：太原，秦郡名，在今山西省中部，这一句是太原卒对长城吏说的。

③官作：官府的工程。程：期限。

④谐汝声：官吏命令士卒齐唱夯歌，努力筑城。

⑤格斗：作战。

⑥姑嫜：妇人称公婆为"姑嫜"。

⑦他家子：别人家女子，此指自己的妻子。

⑧"生男"四句：《水经注·河水》引杨泉《物理论》载秦时民谣云："生男慎勿举，生女哺用脯。不见长城下，尸骸相支拄。"此处借用之。举：养育成人。

评 析

《饮马长城窟行》是乐府古题，属《相和歌·瑟调曲》。宋人郭茂倩《乐府诗集》曰："长城，秦所筑以备胡者。其下有泉窟，可以饮马。古辞云：'青青河畔草，绵绵思远道。'言征戍之客，至于长城而饮其马，妇人思念其勤劳，故作是曲也。"

陈琳此诗前半写男儿长期筑长城，归期难料，满怀愤懑。后半写丈夫写信给在家中的妻子，说自己恐难回去，劝妻改嫁；其妻则来信批评丈夫不该如此想，并表示与其夫同生死共患难。实际上反映了无休止的徭役给普通民间夫妇带来的痛苦与怨恨。

这首诗艺术上相当成功。首先是用叙事体，用纯客观叙事语调，不着议论，而作者的倾向自见。其次是用对话形式，沈德潜说此诗："无问答之痕，而神理井然，可与汉乐府竞爽矣。"复次，此诗句子以五言为主，又杂以七言句，形成了参差错落的格调，后人评为"以长短句行之，遂为鲍照先鞭"，是不错的。

定情诗

我出东门游，邂逅承清尘[2]。
思君即幽房，侍寝执衣巾。
时无桑中契[3]，迫此路侧人。
我既媚君姿，君亦悦我颜。
何以致拳拳[4]？绾臂双金环。
何以致殷勤，约指[5]一双银。
何以致区区？耳中双明珠。
何以致叩叩[6]？香囊系肘后。
何以致契阔？绕腕双跳脱[7]。
何以结恩情？佩玉缀罗缨[8]。
何以结中心，素缕连双针[9]。
何以结相于[10]？金薄画搔头。

何以慰别离？耳后玳瑁钗。
何以答欢欣？纨素三条裙。
何以结愁悲？白绢双中衣。

与我期何所？乃期东山隅。
日旰[11]兮不来，谷风[12]吹我襦。
远望无所见，涕泣起踟蹰。
与我期何所？乃期山南阳。
日中兮不来，飘风吹我裳。
逍遥莫谁睹，望君愁我肠。
与我期何所？乃期西山侧。
日夕兮不来，踯躅长叹息。
远望凉风至，俯仰正衣服。
与我期何所？乃期山北岑[13]。
日暮兮不来，凄风吹我襟。
望君不能坐，悲苦愁我心。
爱身以何为，惜我华色时。
中情既款款，然后克密期[14]。
褰衣蹑茂草，谓君不我欺。
厕[15]此丑陋质，徙倚无所之。
自伤失所欲，泪下如连丝。

注 释

①繁钦（？—218），字休伯，颍川（今河南禹县）人。曾为曹操幕僚，文辞巧丽，今存诗四首。

②邂逅：不期而遇。承清尘：意指与心上人接近，是一种客气的说法。

③“时无”句：《诗经·桑中》是男女幽会之诗，此言“无桑中契”，指原本没有约会。

④致拳拳：指表达爱慕之情。

⑤约指：戒指之类。

⑥叩叩：诚意。

⑦跳脱：手镯。

⑧罗缨：佩玉的带子。

⑨“素缕”句：用白线穿双针，象征着两心相连。素表示纯洁，线缕表示缠绵，针表示坚贞。

⑩相于：相与，相爱，相厚。

⑪日旰（gàn）：天晚。

⑫谷风：东风，语出《诗经·谷风》。

⑬岑：山小而高者为岑。

⑭克密期：商定秘密约会的日期。

⑮厕：侧。

评 析

这首诗的主角是女子，以她的口吻回忆了一场先甜后苦，如今已经绝望的爱情经历。“定情”，指男女间两情相契，即曹植《种葛篇》“与君初定情，结发恩义深”之句的意思。全诗可分为两大段。第一段从开头至“何以结愁悲？白绢双中衣”，写这位女子郊游时与一位英俊少年不期而遇，一见钟情，二人私自结为夫妻，共效鱼水之欢。为了表达二人间的柔情蜜意，诗中连用了十余个排比问答句，女子将身上佩戴的各种首饰乃至内衣、裙子都赠给爱人，这当然是一种虚写，用的是汉乐府的铺陈排比的手法，主要是渲染一种气氛，不可指实。这一段表现了女子追求爱情的大胆、炽热、毫无保留。从"与我期何所？乃期东山隅"直至诗末为第二段，写女子漫长的等待及失望与痛苦。从早晨写到中午（日中）、傍晚（日夕）再到天黑（日暮），说女子一直在苦苦等待，愁肠百结，叹息流泪，在写法上是以一天来概括整个等待过程。情郎久候不至，女子坐卧不宁，亲自到郊外，"褰衣蹑茂草"去寻找，相信他不会背叛自己。但遍寻无获，终于绝望，她自伤不遇，泪下如雨，在一片悲哀的气氛中结束了全诗。

《乐府解题》论此诗主旨云："言妇人不能以礼从人，而自相悦媚。乃解衣服玩好致之，以结绸缪之志，若臂环致拳拳，指环致殷勤，耳珠致区区，香囊致叩叩，跳脱致契阔，佩玉结恩情，自以为得志，而期于山隅、山阳、山西、山北，终而不答，乃自悔伤焉。"从封建礼教的角度理解此诗，显然不准确。

三国魏·曹植

七哀

明月照高楼，流光正徘徊。
上有愁思妇，悲叹有余哀。
借问叹者谁，言是宕子妻①。
君行逾十年，孤妾常独栖。
君若清路尘，妾若浊水泥②。
浮沉各异势，会合何时谐？
愿为西南风，长逝③入君怀。
君怀良不开，贱妾当何依？

注 释

①“言是宕子妻”句，一作“自云客子妻”。

②“君若清路尘”二句：“清”指路上尘，“浊”指水中泥。二者本是一物，浮者清，沉者浊，比喻夫妇或兄弟本是一体，如今所处的地位发生变化。

③逝：往。

评 析

这首诗是以游子之妇（宕子妻）的口吻写的。诗题为“七哀”，对于“七”，古今人有不同的解释，大致说来，“七”是泛言多，并非实指，也无确切的含义，“七哀”只表示悲哀很多而已。

诗的前六句用第三人称叙述，交代作诗的背景，点出女主角的身份。“明月”二句点出月夜高楼的背景，三四句写愁思妇在哀叹，五六句交代叹息者的身份——宕子妻。以下换作第一人称（宕子妻）的口吻来叙述：“君行逾十年，贱妾常独栖”二句，说丈夫远行已超过十年，自己一直独守空闺。“君若清路尘”四句是说您（指丈夫）如今春风得意，我如今孤独无依，何时才能会面呢？“愿为西南风”四句表达她的愿望及忧虑：我愿化作西南风，直吹到夫君的怀抱里；但是，您的胸怀若不为我敞开，我又去依靠谁呢？全诗至此戛然而止。

这首诗写思妇的怨苦，已十分感人。有人认为，诗的好处还不止于此。此诗被认为是一首言志之作。宕子妻是曹植本人的化身，夫君则代指曹丕。自曹丕即位以来，曹植屡受打击、迫害，痛苦不堪，故作此诗。诚如元人刘履《选诗补注》所云：“子建与文帝同母骨肉，今乃浮沉异势，不相亲与，故以孤妾自喻。”我们认为，这种说法能得此诗之真髓。

浮萍篇[①]

浮萍寄清水，随风东西流。
结发辞严亲[②]，来为君子仇[③]。
恪勤在朝夕，无端获罪尤[④]。
在昔蒙恩惠，和乐如瑟琴。
何以今摧颓，旷若商与参。
茱萸[⑤]自有芳，不若桂与兰。
新人虽可爱[⑥]，不若故人欢。
行云有返期，君恩倘中还？
慊慊仰天叹，愁愁将何愬[⑦]？
日月不恒处，人生忽若寓[⑧]。
悲风来入帷，泪下如垂露。
散箧造裳衣，裁缝纨与素。

注 释

①浮萍篇：属相和歌辞清调曲。《乐府诗集》作《蒲生行浮萍篇》。

②严亲：女子自称其父母。

③君子仇：《左传》师服曰："嘉耦曰妃，怨耦曰仇，古之制也。"

④"无端"句：此句《乐府诗集》作"中年获愆尤"。

⑤茱萸：植物名，九月九日熟，色赤为可采之时，见《风土记》。

⑥"新人"句：此句《乐府诗集》作"佳人虽成列"。

⑦愬：告诉，诉说。

⑧寓：一作遇。

评 析

这首诗的主旨是弃妇希望恢复旧时的欢爱，也可能有“讽君”之意。

开头“浮萍”二句是说女子成人后必须依靠丈夫。“结发”二句是说二人结为夫妻。“恪勤”二句说自己无端获罪。“在昔”四句说当初夫妇琴瑟和谐，如今自己被弃，再也见不到夫君之面。“茱萸”四句是说新人虽好，但不如故人（即自己）贴心。“行云”四句是希望丈夫回心转意，但又觉得不可能，故仰天长叹。“日月”四句说日月飞驰，人生短促，想到此处，不禁悲从中来。“散箧”二句，按余冠英先生说是“设想‘新人’的情形”，有理。

三国魏·甄皇后[1]

乐府堂上行

蒲生我池中，其叶何离离。
傍能行仁义，莫若妾自知。
众口铄黄金[2]，使君生别离，

念君去我时，独愁常苦悲。
想见君颜色，感结伤心脾。
念君常苦悲，夜夜不能寐。

莫以贤豪故，弃捐素所爱。
莫以鱼肉贱，弃捐葱与薤。
莫以麻枲贱，弃捐菅与蒯[3]。

出亦复苦愁，入亦复苦愁。
边地多悲风，树木何修修。
从君致独乐，延年寿千秋。

注 释

①甄皇后：魏文帝曹丕的皇后，中山无极人。袁绍据邺，被中子袁熙娶为妻，后曹操破袁绍，曹丕时为太子，遂以甄氏为夫人，后来被郭皇后所谮，文帝赐甄氏死，据《邺中故事》载，甄氏临终而赋此诗。

②“众口”句：《史记·张仪传》：“众口铄金，积毁销骨。”此句指别人的谗言多了，便会使曹丕相信。

③“莫以鱼肉贱”四句：葱、薤（jì），是烧鱼肉的佐料；菅（jiān）、蒯（kuǎi），是制麻绳的材料。这四句说不要因为鱼肉等物不值钱，而轻视了它的佐料或原料，是比喻性的说法，原意是上文“莫以贤豪故，弃捐素所爱”，是指责曹丕喜新厌旧的话。一本接下来有“倍恩者苦枯，蹶船常苦没。教君安息定，慎莫致仓卒。念与君一共别离，亦当何时，共坐复相对”数句。

评 析

此诗一作魏武帝曹操之诗。《乐府解题》前志云：“晋乐奏魏武帝《蒲生篇》（按：即此诗），而诸集录皆言其辞文帝甄后所作，叹以谗诉见弃，犹幸得新好，不遗故恶焉。若晋陆机‘江蓠生幽渚’，言妇人衰老失宠，行于塘上而为此歌，与古辞同意。”此外，还有人认为是魏文帝曹丕所作。细玩诗意，甄氏所作的可能较大，今从《玉台新咏》作甄后作。

此诗以六句为一解。第一解写自己的出身及遭谗被弃，与丈夫“生别离”的经过。第二解说自己被弃后非常悲哀，以致夜不能寐。第三解以物为喻，反复劝说君王不要“弃捐素所爱”，语调十分哀怨。第四解写其出入坐卧皆十分愁苦，唯盼君王能回心转意。

从语气上看，此诗若为甄后所作，当作于被冷落之后，但不会是临终时，因为此诗在被弃的哀怨中仍存一丝希望。

南朝齐·谢朓①

同王主簿怨情

掖庭聘绝国②，长门③失欢宴。
相逢咏蘼芜④，辞宠悲团扇⑤。
花丛乱数蝶，风帘入双燕。
徒使春带赊，坐惜红颜变。
平生一顾重，夙昔千金贱⑥。
故人心尚永，故心人不见。

注释

①谢朓（464—499），字玄晖，南齐陈郡阳夏（今河南太康）人。少有美名，为竟陵王“八友”之一，后任豫章王行参军，累迁至尚书吏部郎兼知卫尉事。齐废帝东昏侯即位，朓因不愿参与始安王萧遥光篡位之谋，被诬，下狱死。朓为永明体代表人物，为诗讲究声律，诗风清丽，对后世有很大影响。

②“掖庭”句：指王昭君远嫁匈奴事。掖庭：宫中，王昭君所居。绝国：匈奴。

③长门：汉朝宫名，汉武帝陈皇后被废，居于此。

④“相逢”句：《古诗》“上山采蘼芜，下山逢故夫”，写一被抛弃女子的痛苦。

⑤“辞宠”句：《团扇》，相传为汉成帝婕妤班氏所作，借秋凉时团扇被弃，喻自己因色衰而失宠。

⑥“平生”二句：这里用的是《列女传》中的典故。相传，郑子瞀是楚成王的夫人。当初，成王登台，子瞀不回头看他。成王曰：“顾我，与汝千金。”子瞀扬长而去，竟不回头。顾：回头。

评 析

这是一首以女性口吻写的怨情诗。“掖庭聘绝国”，用王昭君远嫁匈奴事；“长门失欢宴”，用陈皇后失宠于汉武帝故事；“相逢咏蘼芜”，用《古诗》“上山采蘼芜”诗意，咏的是弃妇；“辞宠悲团扇”，用班婕妤失宠后咏团扇事。诗中连用四个弃妇哀怨的典故来兴起下文。“花丛乱数蝶，风帘入双燕”二句，从蝶、燕之成双反衬人之孤单；“徒使”二句以春草之长映衬红颜老去；“平生”二句写此女子重爱情不重金钱；末二句写故人（情人）的心思不可测，揭示出悲哀的原因——情人变心。

此诗前半凝重，后半流畅，别具一格。

答徐侍中为人赠妇

文夫吐然诺[2]，受命本遗家。
糟糠[3]且弃置，蓬首乱如麻。
侧闻洛阳客，金盖翼高车。
谒帝时来下，光景不可奢。
幽房一洞启，二八[4]尽芳华。
罗裾有长短，翠鬓无低斜。
长眉[5]横玉脸，皓腕卷轻纱。
俱看依井蝶，共取落檐花[6]。
何言征戍苦，抱膝空咨嗟。

注释

①丘迟（464—508），字希范，梁吴兴乌程（今浙江吴兴）人。南齐时为

官，后入萧衍幕府，梁立，为中书侍郎、永嘉太守等职，后作书招降投奔北魏的梁将陈伯之（即著名的《与陈伯之书》），还任中书郎等，卒于官。

②然诺：许诺，答应。

③糟糠：贫贱之妻。《后汉书·宋弘传》："弘曰：'臣闻贫贱之交不可忘，糟糠之妻不下堂。'"

④二八：指少女，二八为十六岁。

⑤长眉：崔豹《古今注》："魏宫人好画长眉，今多作翠眉警鹤髻。"

⑥落檐花：用寿阳公主事。《杂五行书》："宋武帝女寿阳公主，人日卧于含章殿檐下，梅花落公主额上，自后遂有梅花妆。"

评 析

这首诗从题目上看，是徐侍中（可能是徐勉）写了一首《为人赠妇诗》（替别人作的寄给那人妻子的诗），将这首诗给丘迟看，丘迟作了这首答诗。诗的主旨是为糟糠之妻鸣不平。

诗的开头两句"丈夫吐然诺，受命本遗家"，起得冠冕堂皇。"糟糠且弃置，蓬首乱如麻"，是写丈夫毅然将糟糠之妻扔在家中，使之伤心憔悴，蓬首垢面。接下来诗人用大半篇幅写其夫在朝中得宠，回到家后，美女如云，珠环翠绕，一片温柔，丈夫与这些二八佳人们"俱看依井蝶，共取落檐花"，享尽欢乐，早把贫贱之妻抛到脑后去了。而其妻子却无可奈何，唯有抱膝长叹。

旧社会富贵易妻本是一种丑恶的但又十分普遍的现象，作者对此是持否定态度的。此诗在写法上是极力渲染丈夫与二八佳人的纵情欢乐，原配妻子之怨、之怒，仅略作点染，形成极为强烈的对照。

南朝梁·何逊①

闺怨

晓河没高栋，斜月半空庭。
空中度落叶，帘外隔飞萤。
含情下翠帐，掩涕闭金屏②。
昔期今未反，春草寒复青。
思君无转易，何异北辰星。

注释

①何逊（?—518），字仲言，梁东海郯（今山东郯城）人。少为范云、沈约赏识。梁武帝时，任水部郎等职，故世称何水部，后任庐陵王记室，未几病卒。

②“掩涕”句：潘岳《笙赋》：“独向隅以掩泪。”伏知道《为王宽与妇义安主书》：“广摄金屏，莫令愁拥。”此句用其意。

评 析

这首诗如题目所示，是写思妇之怨情及对爱情的忠贞。

“晓河没高栋”句，晓河即银河，高栋为女子所居的高楼，此句说高楼为银河繁星所笼罩。“斜月”句说月照空庭。“空中”二句进一步写寂寞之景，窗前只见落叶纷纷，见出时已深秋，隔帘能看到流萤飞舞，目睹这些景物，令思妇的愁绪倍增。她情不能堪，故“含情下翠帐，掩涕闭金屏”，放下帐子，掩上围屏，准备睡觉了。下两句直抒怨情：“昔期今未反，春草寒复青。”良人逾期不返，春草又已复青。“思君无转易，何异北辰星”，是说自己思君之心永不变，如同北斗星永远指向北方一样。

南朝梁·王僧孺[1]

春怨

四时如湍水[2]，飞奔竞回复。
夜鸟响嘤嘤，朝光照煜煜[3]。
厌见花成子，多看笋为竹。
万里断音书，十载异栖宿。
积愁落芳鬓，长啼坏美目。
君去在榆关，妾留住函谷。
帷对昔邪房，如见蜘蛛屋。
独与响相酬，还收影自逐。
象床易毡簟，罗衣变单复。
几度过风霜，犹能保茕独[4]。

注 释

①王僧孺（465—522），梁东海郯（今山东郯城）人，南齐时曾任钱塘令等职。入梁，为临川王记室参军，出为南海太守，为官清廉。后在朝为官，被谗免职，后复官，掌撰谱之事。

②湍水：急流。

③煌煌：光明貌，通常用来形容日光。

④茕独：孤独。《尚书·洪范》："无虐茕独，而畏高明。"

评 析

此诗一作吴均诗。"四时"四句，写时光流逝。"厌见"二句，写思妇见到花结籽、笋成竹，触发无限身世之感。"万里"二句，说其夫远在万里之外，如今音讯断绝，分离已达十载。"积愁"二句，写思妇因愁苦而容颜苍老，哭坏了双眼。"君去"二句，写夫妇二人如今远隔天涯。"帷对"四句，写自己孤独情状。"象床"四句，言虽然历尽寒暑，自己满腹幽怨，备尝孤独之苦，但对丈夫的爱却永无移易。

妾薄命篇十韵[2]

名都多丽质，本自恃容姿。
荡子行未至，秋胡无定期。
玉貌歇红脸，长颦串翠眉。
奁镜迷朝色，缝针脆故丝。
本异摇舟咎[3]，何关窃席疑[4]。
生离谁拊背[5]，溘死[6]讵成迟。
王嫱[7]貌本绝，踉跄入毡帷。
卢姬嫁日晚，非复好年时[8]。
转山犹可逐，乌白[9]望难期。
妾心徒自苦，傍人会见嗤。

注 释

①萧纲（503—551），即梁简文帝，字世缵，小字六通，南兰陵（今江苏常州）人，梁武帝第三子。梁武帝大通三年（531），太子萧统卒，纲被立为太子。太清三年（549），梁武帝被囚饿死，侯景立纲为帝，后被废，旋即遇害。萧纲是齐梁“宫体诗”的代表作家，诗风轻艳，主张“文章且须放荡”。

②《妾薄命》：乐府佳丽四十七曲中，有《妾薄命》。魏曹植有《妾薄命》篇，其事出于汉许后传：“奈何妾薄命，端遇竟宁前。”《乐府解题》：《妾薄命》曹植云……盖恨燕私之欢不久。

③摇舟咎：《左传》载，齐侯与姬乘舟于囿，荡公，公惧色变，禁之不可，公怒，归之，未绝之也。蔡人嫁之。

④窃席疑：指周穆王的妃子越姬窃姜后之子而养育之事，事见《古文周书》。

⑤“生离”句：《汉书·外戚传》载卫皇后入宫时，主拊其背曰：“行矣，强饭，勉之。即贵，愿无相忘。”

⑥溘（kè）死：忽然死亡。《离骚》：“宁溘死以流亡兮。”

⑦王嫱：王昭君。

⑧“卢姬”二句：卢女是魏武帝时宫人，将军阴叔之妹，七岁入汉宫，学鼓琴，善为新声。明帝崩后，出嫁为尹更生妻，时已年长色衰。

⑨乌白：《艺文类聚·燕丹子》曰：“秦止燕太子丹为质，曰：‘乌头白，乃可归。’丹仰天叹，乌即白头。”此处以乌白喻难以达到的理想。

评 析

《妾薄命》是乐府古题，如题所示，此诗内容写一女子的薄命，全篇皆用女子自叙口吻。“名都”二句，是女子自叙生长于名都，艳丽过人，本来对自己的容貌甚为自信。“荡子”二句说丈夫远行日久，迄无归期。“玉貌”二句说自己红颜渐逝，终日愁眉不展。“奁镜”二句是说懒得照镜，懒得做女红。“本异”二句是说自己克守妇道。“生离”二句是对生离表示伤痛，对丈夫的生死表示担忧。“王嫱”四句以古代美女王嫱、卢姬的不幸遭遇为喻，写自己独处之悲。“转山”四句写丈夫归期难卜，自己伤心无用，徒惹别人耻笑。

诗的情绪相当复杂，且又含思宛转，多用典故，塑造了一位伤心欲绝的思妇形象。

怨歌行

十五颇有余，日照杏梁初。
蛾眉本多嫉①，掩鼻特成虚②。
持此倾城貌③，翻为不肖躯。
秋风吹海水，寒霜依玉除。
月光临户驶，荷花依浪舒。
望檐悲双翼，窥沼泣王余④。
苔生履处设，草合行人疏。
裂纨伤不尽，归骨恨难祛。
早知长信别⑤，不避后园舆。

注释

①“蛾眉”句：用屈原《楚辞·离骚》“众女嫉余之蛾眉兮”语意。《楚辞》注：害贤曰嫉，害色曰妒。

②“掩鼻”句：《战国策》：“魏王遗楚王美人。郑袖因谓新人曰：‘王恶

子之鼻，子为见王则必掩鼻。'新人见王，因掩其鼻。王谓郑袖：'何也？'郑袖曰：'其似恶闻王之臭也。'"王大怒，令人割去了美人的鼻子。

③倾城貌：汉朝李延年欲将妹妹进献给汉武帝，作歌云："北方有佳人，绝世而独立。一顾倾人城，再顾倾人国，宁不知倾城与倾国，佳人难再得。"汉武帝叹曰："世岂有此人乎。"平阳公主于是将延年之妹进给皇帝，上召见她，妙善歌舞，因此得宠。

④王余：俗云越王食鱼未尽，因吐其半，其剩余部分被称作王余。

⑤长信别：汉成帝时，班婕妤初时得宠，其后赵飞燕姊妹得势，班婕妤恐久后遭祸，自请到长信宫奉养太后，后人遂以长信宫作为冷宫的代称。

评 析

此诗以班婕妤的不幸身世作为歌咏对象，颇能别出心裁。"十五颇有余"二句写班氏得宠时正值二八芳龄，美貌如花，明艳照人。"蛾眉"二句写其因美丽而招嫉妒。"持此"二句写其以倾国倾城之貌，竟然在一夜之间变为不祥之躯，被发配到冷宫。"秋风"四句，既是写长信宫中凄凉的景物，更是状班氏孤独的苦况。"望檐"二句，上句说望见檐间双燕而自增悲苦之感，下句借"王余"之典说明自己被成帝无情抛弃。"苔生"四句化用班婕妤《自悼赋》的语意，表达了她压抑已久的怨愤，在绝望之中，她竟希望以一死来解脱。但是，即使埋骨山丘，其遗恨亦难消。诗写至此，正面抒"怨"之意已写足，末尾二句却又异峰突起地写道："早知长信别，不避后园舆。"《汉书·外戚传》载：成帝游后园，想与班婕妤同车（同辇），婕妤推辞说，古代图画上，贤君皆有名臣在傍陪伴，三代末世君主身旁才多女色（嬖女），今天您如与我同辇，不是接近那些亡国之君了吗？成帝对她的话十分赞赏，并且不再要求她同载。作者此处反用此事，是说早知如今被弃长信宫，当初或许不该拒绝同载的要求，以博取宠幸。这实际上是说，班氏有容有德，被弃实在不该，批评成帝之失，对班婕妤寄予更为深刻的同情，同时也增加了行文的波澜。

唐·王昌龄[①]

长信秋词（五首[②]）

其一

金井梧桐秋叶黄，珠帘不卷夜来霜。
熏笼[③]玉枕无颜色，卧听南宫清漏[④]长。

其二

高殿秋砧[⑤]响夜阑，霜深犹忆御衣寒。
银灯青琐[⑥]裁缝歇，还向金城[⑦]明主看。

其三

奉帚平明[⑧]金殿开，且将团扇[⑨]共徘徊。
玉颜[⑩]不及寒鸦色，犹带昭阳[⑪]日影来。

其四

真成薄命久寻思，梦见君王觉后疑。
火照西宫知夜饮，分明复道奉恩时[⑫]。

其五

长信宫中秋月明，昭阳殿下捣衣声。

白露堂中细草迹，红罗帐里不胜情。

注释

①王昌龄（694？—756？），字少伯，京兆万年（今陕西省西安市）人，开元十五年进士及第，任秘书省校书郎。开元二十二年应博学宏词科登第，授汜水尉。后曾任江宁丞等职，安史乱中，为濠州刺史闾丘晓杀害。昌龄是盛唐著名边塞诗人，尤长七绝，其宫怨诗也非常有名。

②此题共五首，郭茂倩《乐府诗集》收一、三首。注曰："《乐府解题》曰：'《婕妤怨》者，为汉成帝班婕妤作也。'"所以，《长信怨》《长信秋词》皆出于《婕妤怨》，内容皆写宫怨。

③熏笼：燃烧熏香或取暖之炉，覆以笼，称为熏笼。

④漏：即漏壶，宫中铜制计时器，分上下层，上层滴水，以水多少计算时间，此处指漏壶之滴水声。

⑤砧：捣衣石。

⑥青琐：门窗之饰，雕刻为连环文，而以青涂之，故称青琐。

⑦金城：犹金殿。

⑧平明：黎明。

⑨团扇：暗用班婕妤《怨歌行》诗意。

⑩玉颜：谓容颜如玉，指班婕妤。

⑪昭阳：汉宫名，汉成帝昭仪赵合德所居。日影：阳光，喻皇帝之恩宠。

⑫"火照"二句：追述梦见君王时的情景。复道：宫中楼阁相通，上下有道，故称复道。

评 析

王昌龄是唐代著名的宫怨诗人,《长信秋词》是其代表作之一。这组诗以秋天的长信宫为背景,实际上是以秋天象征着失宠宫嫔的命运。这组诗虽以“宫怨”为共同主题,艺术上却绝不雷同,而是从不同侧面突出了主题。

第一首(“金井梧桐秋叶黄”)写深秋时令之特征,“珠帘”句写时已深夜,“熏笼”句专写女主人公身处华室之中却心绪黯淡,故触目之物皆“无颜色”,“卧听”句交代原因,她夜不成眠,听着南宫(皇帝居所)的更漏声。

第二首(“高殿秋砧响夜阑”)回忆当年某宫嫔得宠时连夜缝制寒衣(有可能是为皇帝做衣服),缝好之后,拿给皇帝去欣赏、试穿。邀宠乎,撒娇乎,可能兼而有之。

第三首(“奉帚平明金殿开”)是敷衍相传为班婕妤所作的《怨歌行》,其辞曰:“新裂齐纨素,皎洁如霜雪。裁为合欢扇,团团似明月。出入君怀袖,动摇微风发。常恐秋节至,凉飙夺炎热。弃捐箧笥中,恩情中道绝。”王昌龄这一首诗借宫廷妇女的苦闷生活和幽怨心情,借长信故事反映唐代宫廷妇女的生活。

第四首(“真成薄命久寻思”)前两句写梦见君王,醒后惊疑不定;第三句写醒后所闻,“火照西宫知夜饮”,西宫灯火通明,不用说又是在歌舞欢宴;第四句写自己回忆昔日得宠光景,对比眼前,更增凄苦。

第五首(“长信宫中秋月明”)首句写失意者独处长信宫,唯与明月为伴;次句写昭阳殿里传来捣衣声,写那边仍旧热闹;后两句写自己躺在帐中无限伤感。

这组诗写宫怨，言少意多，委婉含蓄，怨而不怒。

闺怨

闺中少妇不知愁，春日凝妆[1]上翠楼。
忽见陌头[2]杨柳色，悔教夫婿觅[3]封侯。

注 释

①凝妆：盛妆。
②陌头：道边。
③觅：追求。

评 析

这是王昌龄的代表作之一。诗题为“闺怨”，首句却说“不知愁”，这是为下文作铺垫。本来，丈夫从军在外，妻子应有离愁，但这位少妇过于年轻，缺少生活阅历，似乎还没尝到愁的滋味，在春天到来时，她仍打扮得花枝招展，登楼去欣赏春色。可是，在她登楼赏春的一刹那，看到了陌头的杨柳色，或许因此想到去年曾折柳为丈夫送别，或因杨柳易衰想到青春易逝，总而言之，在登临之际她忽然触景生情，产生了一个非常强烈、无法遏止的念头——“悔教夫婿觅封侯”。

这首诗抓住了少妇情感最为丰富的时刻，即西方文论所谓“富有包孕的片刻”，加以描写，因而耐人寻味。

唐·张仲素

秋闺思

碧窗斜月蔼深晖，愁听寒螿[①]泪湿衣。
梦里分明见关塞[②]，不知何路向金微[③]。

注 释

①寒螿：即寒蝉、秋蝉，这里指蝉鸣。

②关塞：边塞。

③金微：即金微山，又称金山、阿尔泰山，它的一部分在今新疆维吾尔自治区。唐代曾于其地设置都督府。

评 析

这首诗写的是一位思妇在某个秋夜的内心活动。一觉醒来，已是深夜，月亮西斜，月光透过窗户，洒满闺房，此时，寒蝉一个劲地啼叫，惹动了她的愁绪，故泪湿沾衣，这是前两句所写的内容。后两句补写梦中所见：她在梦中分明已看到了边塞，但却无法找到通往金微山（即丈夫所在地）的道路。诗中所写的梦境，的确是人人所常经历，而常人无法描绘出来的境界。

此诗用倒叙手法，先写梦醒后的月华，再写因闻蝉而哭泣，最后才写出梦境，结构腾挪变化，故能引人入胜。

唐·元稹①

古决绝词（三首选一）

乍可为天上牵牛织女星，不愿为庭前红槿枝。
七月七日一相见，相见故心终不移。
那能朝开暮飞去，一任东西南北吹。
分不两相守，恨不两相思。

对面且如此，背面当何如?
春风撩乱伯劳语，况是此时抛去时。
握手苦相问，竟不言后期。
君情既决绝，妾意亦参差。
借如死生别，安得长苦悲！

注 释

①元稹（779—831），字微之，河南人。幼时家贫，年十五，明经擢第，贞

元进士，授校书郎，官至宰相。与白居易以诗唱和，论诗主张亦同，并称“元白”。

评 析

此诗可分为两部分：第一部分通过牵牛织女星一年一度相逢与木槿枝虽同体而永不相逢的对比，歌颂牛女的真挚爱情，否定红槿“分不两相守，恨不两相思”的薄情，这一部分可视为比喻。第二部分方是正文，是写原本相爱的男女一旦决绝，竟永无会面的后期，故令人感到格外沉痛，是从女子的角度落墨的，写得相当沉挚。

唐·刘皂[1]

长门怨

宫殿沉沉月欲分[2]，昭阳更漏不堪闻[3]。

珊瑚枕上千行泪，不是思君是恨君。

注释

①刘皂：生卒年不详，咸阳人，长期旅居苏州。元和中，假孝义尉，以得罪西河守董叔经而弃职，后不知所终。《全唐诗》存其诗仅五首，但篇篇警策。

②月欲分：月亮即将倾斜，指时间已是下半夜。

③不堪闻：不忍听。

评析

这首诗是泛咏失意宫嫔的，属于“宫怨”诗之类。

首句写宫殿冷清，月亮西斜，即将沉没，是景物刻画。第二句写长夜难眠，遥听昭阳殿传来的更漏声，联想到皇帝与别人的彻夜狂欢，对比自己的冷清，听着更漏声，觉得时光难挨，这句是抒情。后两句承第二句，继续抒情，流泪极多，是悲伤过度，但女主人公在悲伤之余，却并非一味哀叹，而是公然说出，她之所以流泪，并不是思念而是怨恨君王，结论与众不同。这首小诗虽然没有触及造成宫嫔失意的根本原因，但敢于将自己的不幸与君王联系起来，敢于表达自己的愤怒之情，这是一种进步，因为它已大大突破了“温柔敦厚”“怨而不怒”的诗教了。

五代·顾敻[1]

诉衷情

永夜[2]抛人何处去？绝来音。

香阁掩，眉敛[3]，月将沉[4]，争忍不相寻？

怨孤衾[5]。换我心，为你心，始知相忆深。

注　释

①顾敻（xiòng）：前蜀时官至刺史，后蜀时官至太尉，为五代著名词人，《花间集》收其词达五十余首。

②永夜：长夜。

③眉敛：皱着眉头，表示因久等而不耐烦。

④月将沉：月将落，即天快要亮了。

⑤孤衾：指独眠。

评 析

这首词是对情人失约，佳人独守空闺的怨语，是女子口吻。

清人况周颐《蕙风词话》说顾夐的小词“皆艳词也。浓淡疏密，一归于艳，五代艳词之上驷也。”是说顾词多写爱情，在五代情词中达到上游水平，这一评价是比较准确的。这首词写一位痴心的女子独处长夜，怨恨而又思念着失约的情人。词的开头两句“永夜抛人何处去，绝来音”，告诉我们，女子所钟爱的男人杳如黄鹤，音信全无，是一个负心郎。接下来“香阁掩”五句，从环境、女子的情态等方面写出了女子的孤独与哀怨。“争忍不相寻”，是说我无法不寻觅和等待，但这种努力是徒劳的，所以归结到“怨孤衾”，写出了女子的孤苦无依及怨恨之情，表露得相当大胆、直率。最后三句“换我心，为你心，始知相忆深”，是让负心汉设身处地想一想，珍惜这一段爱情，但恐怕女主人公善良的愿望也会落空。

五代·李璟

摊破浣溪沙

手卷真珠[1]上玉钩。依前[2]春恨锁重楼。

风里落花谁是主，思悠悠。

青鸟[3]不传云外信，丁香[4]空结雨中愁。

回首绿波三楚[5]暮，接天流。

注 释

①真珠：即珍珠，此处指用珍珠穿成的帘子。

②依前：与从前一样，依然。

③青鸟：指传信的使者。《山海经·大荒西经》说："西有王母之山，……有三青鸟，赤首黑目。"郭璞注："皆西王母所使也。"

④丁香：常绿乔木，夏季开花，子黑色，可作香料。丁香结，指丁香花的花朵。

⑤三楚：此处泛指江南之地。

评 析

这首词写思妇的春恨。从词中真珠帘、重楼等描写来看，她的物质生活条件显然不错，但丈夫远行日久，音讯不通，她独处高楼，不禁生出无限春恨，这春恨其实就是“春思”，也就是思念丈夫。

词的开头写道，这位女子亲手将珍珠帘卷起，用钩子钩住，想看看外面的景色，但她所见到的，是满眼春光，自然联想到本人独处重楼，寂寞难耐，看到风中的落花无主，想到自己的青春转瞬即逝，怎能不感慨万千！词的下片进一步写春恨的原因，“青鸟不传云外信”，丈夫远在天边，音讯全无，是春恨的全部内涵。因丈夫无消息，故自己愁肠百结，回首江南，唯见水天相接，女主人公心中已是一片茫然，由远而近的暮色更加重了她的愁思。

本词主要手法是借景物来抒离愁。

宋·韩驹①

代妓送葛亚卿

刘郎②底事去匆匆，花有深情只暂红。
弱质未应贪结子，细思须恨五更风③。

注　释

①韩驹（约1086—1135），字子苍，四川人，少有文名，赐进士出身，迁中书舍人，直学士院。绍兴中，知江州，卒于抚州。

②刘郎：当指入天台山遇仙女的刘晨，此处代指葛亚卿。

③“弱质”二句：用王建《宫词》“自是桃花贪结子，错教人恨五更风”，意谓桃树结子则花落，比喻宫人色衰而宠移，错恨乃委婉之词。

评　析

此诗是代一位妓女鸣不平之作。这一出爱情悲剧的细节不详，无非是才子佳人相爱，后来葛亚卿（男子）负心而去，韩驹为女方打抱不平而作此诗。

诗的首二句说：葛亚卿来去匆匆，虽然二人曾经相爱，但好花不常开，葛不久就离她而去，或许已移情别恋。后二句反用王建《宫词》之意，宋人吴开《优古堂诗话》云："王建《宫词》：'树头树底觅残红，一片西飞一片东。自是桃花贪结子，错教人恨五更风。'韩子苍反其意而作诗送葛亚卿。"按：王建诗原意较委婉，也是指责男方负心，韩驹诗则较直露，点出"恨"，表达出妓女对负心人的愤慨，这种写法，正是"江西诗派"脱胎换骨、点铁成金的惯技，因为韩驹即"江西诗社"中人物。

宋·晏几道

阮郎归

旧香残粉似当初，人情恨不如。
一春犹有数行书，秋来书更疏[1]。

衾凤冷，枕鸳孤[2]，愁肠待酒舒。
梦魂纵有也成虚，那堪和梦无。

注 释

①疏：稀疏，稀少。
②“衾凤”二句：写闺房中绣被鸳枕形同虚设。

评 析

这首词也是写女主人公的怨恨。前后照应，层层深入地写出了她的心情。

词的上片恨人情不如物情，旧香残粉依然如当初，而丈夫的爱情却非如此，已是日渐淡薄。春天还写两封信来，到了秋天，连书信也更为稀少，这说明丈夫有变心之嫌。下片写冷衾孤枕，是说空闺难耐，“愁肠待酒舒”，写借酒浇愁，将愁推进一层。“梦魂纵有也成虚，那堪和梦无”，写得令人肠断心碎，她先是痴想，即使在梦中遇见爱人也是一场空欢喜，更令人伤心的是，偏偏她连梦也未能做成，连梦中与亲人相会的机会也没有，其结句可与宋徽宗《燕山亭·北行见杏花》“和梦也新来不做”句比观。

全词写恋情的失意，感慨人情之冷暖，小晏词多此种翻覆、曲折之笔。

思远人

红叶黄花秋意晚，千里念行客。

飞云过尽，归鸿无信，何处寄书得①。

泪弹不尽临窗滴，就砚旋②研墨。

渐写到别来，此情深处，红笺为无色。

注 释

①得：语末助词，无义。这句说写成的书信寄往何处呢。

②就：随手。旋：不久。

评 析

这首词的主旨仍然是闺怨。开头以景物起兴，因时值深秋而怀念远方的爱人。她因思念亲人，而遥望长空，极目远眺，见到飞云从头上徐徐流过，鸿雁已经归来，但都未带回心上人的书信，自己欲写情书，却投递无门。下片写她临窗起草情书，因想到寄信无处而弹珠泪，泪水滴入砚台，女主人公即用来研墨，这说明她流泪之多，这一细节也是相当新鲜的。接着她在红笺上写信，写到情深意长之处，纸上墨中，情与泪混在一处，她只觉得自己有满腔如火的热情，以致红笺都黯然失色了。此处不说红笺因泪湿而淡，反而用红笺无色来形容情意之深，正是古人所谓“透过一层”的写法。

宋·贺铸①

生查子

西津海鹘舟②，径度沧江雨③。
双橹本无情，鸦轧④如人语。

挥金陌上郎⑤，化石山头妇⑥。
何物系君心，三岁扶床女。

注 释

①贺铸（1052—1125），字方回，原籍山阴，生长于卫州（今河南卫辉），是北宋王室的外戚，但并不得志，先后做过书吏、武弁，后经人推荐，转入文职，做过泗州通判。

②津：渡口。海鹘（hú）：鸟名，即海东青，雕的一种，海鹘舟是一种快船。

③“径度”句：这句说快船在江上冒雨疾驶而去。径度：径直、直接度过。

④鸦轧：即轧（gá）轧，拟声词，此指摇橹声。

⑤挥金：挥金如土。陌上郎：指对爱情不忠实的丈夫，用《汉乐府·陌上桑》的典故。

⑥“化石”句：古代很多地方都有女子久等丈夫不归，因而化为石头的传说。如刘义庆《幽明录》：“武昌阳新县北山上有望夫石，状如人立。相传昔有贤妇，其夫从役，远赴国难，妇携弱子，饯送此山，立望夫而化为石，因以为名焉。”

评 析

望夫而化石是广为流传的民间传说，除了武昌有此类传说外，江西、安徽等地都有望夫石或望夫台，作者借这一传说对广大妇女的不幸遭遇表示了深切的同情。上片写与丈夫分别时的情景，丈夫乘上快船，很潇洒地与她分别了，词中不写女主人公有千言万语要说，却说双橹如作人语，替自己传达出万种情思。下片写临别时的叮咛嘱咐：先说只恐丈夫变成鲁国秋胡那样喜新厌旧、见一个爱一个的负心汉，而我却忠贞不贰，宁可化作望夫石，这也是盼丈夫早归之意。最后以天下最动人的感情——父女之情来感动丈夫，希望以扶床小女维系住丈夫这多变的心。

贺铸对望夫石的传说情有独钟，宋哲宗元祐四年（1089）八月他在历阳（今安徽当涂），曾写《望夫石》一诗，借当涂“望夫山”的传说写了这一主题，据说当时“交游间无不爱者”（见《王直方诗话》）。

宋·陆游①

钗头凤

红酥②手，黄縢酒③，满城春色宫墙柳④。
东风恶，欢情薄⑤，一怀愁绪，几年离索⑥。
错，错，错！

春如旧，人空瘦，泪痕红浥鲛绡透⑦。
桃花落，闲池阁⑧。山盟⑨虽在，锦书⑩难托。
莫⑪，莫，莫！

注　释

①陆游（1125—1210），字务观，号放翁，越州山阴（今浙江绍兴）人，南宋伟大爱国诗人，词名不及诗名，但也有佳作，且风格多样。

②酥：指柔软。

③黄縢（téng）酒：即黄封酒，古代官家酿的一种酒。

④宫墙柳：南宋以山阴为陪都，故有宫墙。

⑤欢情薄：美好的夫妻生活消失了。

⑥离索：分离后的孤单生活。

⑦“泪痕”句：这句说，淌下的泪水带着胭脂把手帕都湿透了。浥（yì）：湿润。鲛绡（jiāoxiāo）：古代神话中鲛人所织的丝绢。

⑧闲池阁：即池阁冷落。

⑨山盟：海誓山盟。

⑩锦书：锦字回文书，指情书。

⑪莫：罢了。表示感叹的语气助词。

评 析

陆游第一次娶的妻子名叫唐琬，夫妇感情甚好，唐琬是陆游的表妹，是陆游母亲的侄女，但是她却未得到陆母的欢心，陆母强迫陆游与唐琬离婚，二人忍痛分离。陆游先是将唐琬另置一处，并不时幽会，此事被陆母得知，大怒，二人关系遂绝。后来，陆游另娶王氏，唐琬嫁给同郡赵士程。十年后，即绍兴二十五年（1155）春天，陆游到山阴城东南的沈氏园去游玩，恰巧遇到唐与赵，唐琬送黄封酒招待陆，陆深感其情，当即在沈园壁上写下了这首词，表达了不忍分离的痛苦和哀怨的心情。上片主要感其送酒之情并回忆当年被逼离异的情景。下片主要申诉哀怨、绝望之情。相传，唐琬曾和陆游此词云：

世情薄，人情恶，雨送黄昏花易落。

晓风干，泪痕残。欲笺心事，独语斜栏。

难，难，难！

人成各，今非昨。病魂常似秋千索。

角声寒，夜阑珊。怕人寻问，咽泪装欢。

瞒，瞒，瞒！

也是一首泪尽继之以血的作品，从词中看，唐琬此时已染病，大概是受到重逢陆游的巨大刺激，唐琬不久即郁郁而终。陆游对唐琬的爱是没齿难忘的，四十年后（1199年），陆游七十五岁时，重过沈园，写下《沈园二首》，表达对唐琬的怀念之情。诗云：

城上秋生画角哀，沈园非复旧池台。

伤心桥下春波绿，曾是惊鸿照影来。

梦断香消四十年，沈园柳老不吹绵。

此身行作稽山土，犹吊遗踪一泫然。

宋·辛弃疾[1]

祝英台近·晚春

宝钗分[2]，桃叶渡[3]。烟柳暗南浦[4]。
怕上层楼，十日九风雨。
断肠片片飞红，都无人管，
更谁唤、流莺声住[5]。

鬓边觑。试把花卜归期，才簪又重数[6]。
罗帐灯昏，哽咽梦中语。
是他春带愁来，春归何处。
却不解、带将愁去。

注释

①辛弃疾（1140—1207），字幼安，号稼轩居士，山东济南人。曾组织抗金义军，后归南宋，成为抗金名将，但当时主和派得势，他的抱负未能全部施展。辛弃疾是宋朝著名豪放词人，与苏轼合称“苏辛”。

②宝钗分：钗是妇女发饰。钗分，用作离别的纪念，南宋时仍有此类习俗。

③桃叶渡：南京秦淮河与青溪合流处，此处泛指送别之处。

④南浦：泛指送别的水边。江淹《别赋》："春草碧色，春水绿波；送君南浦，伤如之何！"

⑤"断肠"三句：飞红，指落花。流莺，指黄莺。清人张惠言《词选》认为"飞红"喻君子，"流莺"喻小人。

⑥"鬓边觑"三句：这三句说斜眼看看鬓边插戴的花儿，拿下来数数花片以占卜归期，才插上又忘了是几片，因而取下来重数一遍。觑（qù）：斜视。

评 析

这首词是辛稼轩的代表作之一，清人沈谦《填词杂说》云："稼轩词以激扬奋厉为工，至'宝钗分，桃叶渡'一曲，昵狎温柔，魂销意尽，才人伎俩，真不可测。"认为辛词向来以豪迈慷慨著称，"宝钗分"一首却极婉约温柔之能事，见出辛氏之才高，这话是很有见地的。

这首词的内容，照《蓼园词选》的说法是"借闺怨以抒其志"，是较为可信的。词的上片先写晚春时分烟雨凄迷，回想在"桃叶渡"与"南浦"这种具有深刻含义的地方送人，如今已是落红片片，莺啼不止，春天即将过去，而情人仍未归来，主要以景物写离情。而词中的"风雨"，既指自然界的风雨，又指与情人别后的苦况，更暗寓国势危殆的政局。词的下片写用花来占卜行人的归期，佳人在梦中哽咽而语，写得如泣如诉。最后是怨春不能将愁情带走，实际上是说自己的愁绪无法排遣。宋人赵德庄《鹊桥仙》词"春愁元自逐春来，却不肯随春归去"，李汉老《杨花》词"蓦地便和春带将归去"，皆为稼轩此词末尾所本，故前人评稼轩“善能转换”。整首词全用托物起兴的手法，通过写春意阑珊时分的闺中怨情，比喻国事日非，恢复无期，自己空怀恢复大志，空负一身本领，却壮志难酬，从而表达出作者对国事的深切关怀和忧虑之情。

春已半，触目此情无限②。
十二阑干闲倚遍，愁来天不管③。

好是风和日暖，输与莺莺燕燕④。
满院落花帘不卷，断肠芳草远⑤。

注　释

①朱淑真，号幽栖居士，钱塘人，南宋著名女词人。相传她因婚姻生活不美满，抑郁而终。她善绘画，通音律。有《断肠诗集》《断肠词》传世，今存词二十余首。

②此情无限：即春愁无限。

③“十二”二句：说她无论如何去排遣春愁，都无法如愿。

④“好是”二句：说在这大好的春光中，自己形单影只，还不如成双成对的鸟儿。输与：比不上，还不如。

⑤“满院”二句：说她因思念远行的亲人而心如刀绞，怕见到残花飘零的暮春景色。

评析

朱淑真年轻时，性格爽朗，曾有一段美好的恋情生活。后来父母做主，将她嫁与一俗吏，终因情趣不投，淑真愤然离去，从此长期独居母家，悲愁伤感，忧郁终身。我们选的这首词写的就是她少年时思念情人之事。“春已半，触目此情无限”二句，写她百无聊赖而又思绪万端的心情。“十二阑干闲倚遍”句，写她千方百计来排遣这种苦恼，但毕竟无法摆脱，故以无可奈何的“愁来天不管”来结束上阕。下阕先写仲春季节风和日暖的美丽景色，再以莺燕成双、自己孤独来反衬。最后笔锋陡转，以“满院落花帘不卷”来写即将面临的暮春景象，最后一句“断肠芳草远”为点睛之笔，直写情人远在天涯，自己肝肠寸断的痛苦，其词集以“断肠”命名，或许与此类词有关。

朱淑真与这位恋人的感情十分深厚，二人分手后，她写了许多怀念他的诗词，如《寄情》《寄别》《伤别》《恨别》（上三诗合称“三别”）《供愁》《诉愁》《旧愁》《愁怀》（合称“四愁”）等，来抒发其离情别绪。《断肠词》中《江城子·赏春》（斜风细雨作春寒）也是伤离之作，足见此段恋情对朱淑真来说是终身难忘的。

宋·无名氏

九张机[①]

一

一张机，采桑陌上[②]试春衣。

风晴日暖慵无力。

桃花枝上，啼莺言语，不肯放人归。

二

两张机，行人立马意迟迟[③]。

深心未忍轻分付[④]，回头一笑，

花间归去，只恐被花知[⑤]。

三

三张机，吴蚕[⑥]已老燕雏飞。

东风宴罢长洲苑[⑦]，轻绡催趁[⑧]，

馆娃宫[⑨]女，要换舞时衣。

四

四张机，咿哑[⑩]声里暗颦眉。

回梭织朵垂莲子[11]，盘花易绾，
愁心难整，脉脉乱如丝[12]。

五

五张机，横纹织就沈郎诗[13]。
中心一句无人会[14]，不言愁恨，
不言憔悴，只恁[15]寄相思。

六

六张机，行行都是耍花儿。
花间更有双蝴蝶，停梭一晌[16]，
闲窗影里，独自看多时。

七

七张机，鸳鸯织就又迟疑。
只恐被人轻裁剪，分飞两处，
一场离恨，何计再相随[17]。

八

八张机，回文知是阿谁[18]诗。
织成一片凄凉意，行行读遍，
恹恹[19]无语，不忍更寻思。

九

九张机，双花双叶又双枝。
薄情自古多离别，从头到底，
将心萦系，穿过一条丝。

注 释

①《九张机》共两组二十首，载于《乐府雅词》。第一组前有小序，曰：“《九张机》者，才子之新调。”其内容“写掷梭之春怨”，即写织女春日怀人的怨思。此处选的是第二组。

②采桑陌上：指织女在田间小路上采桑。

③行人：行旅之人，即织女的爱人。立马：驻马。意迟迟：舍不得与织女离别。

④深心：深厚的情意。轻分付：想诉说而又怕难为情。

⑤只恐被花知：恐怕被花看出自己的心事。

⑥吴蚕：吴地（今江苏南部）是产丝之区。

⑦长洲苑：吴王的宫苑。长洲在今苏州市西南。

⑧“轻绡”句：说催促着把轻绡织出来。

⑨馆娃宫：吴王夫差所造，在苏州灵岩山。

⑩咿哑：织布时织机发出的声音。

⑪垂莲子：垂爱于子（你）的谐音双关语。“莲”“怜”（即爱）谐音。

⑫“愁心”二句：这两句说织女看到织成的莲子，想起迟到的爱人，心乱如丝。整：安排。脉脉：含情欲诉。

⑬沈郎诗：沈郎指梁代诗人沈约。这里借指织女的爱人。

⑭中心一句：汉苏伯玉妻作《盘中诗》寄夫，末尾说：“与其书，不能读，当从中央周四角。”无人会：无人理解。

⑮只恁：只这样。

⑯一晌：一顿饭工夫。

⑰何计再相随：有什么法子能再在一起呢？

⑱阿谁：何人。

⑲恹（yān）恹：精神不振貌。

评 析

这组诗写织女之“春怨”，时间、次序都较清楚，且颇有文采，同时又保留了民歌淳朴的风味，是比较优秀的作品。

第一首写织女采桑陌上的情景。第二首写织女与爱人分别，心中异常痛苦。第三首写织女准备织布。第四首运用谐音双关手法，写织女在纺织过程中对爱人的思念。第五首写织女将自己写给爱人的诗织入布中，寄给爱人，强调相思。第六首写织女欣赏自己的“作品”。第七首借织就的鸳鸯怕被人裁开，寄寓与爱人分别的离恨。第八首写她织完回文诗后，不忍卒读，无法去仔细思量。第九首写对薄情郎的思念与指责。

全组诗写织女织布的全过程，其中寄寓着相思与怨恨。

妾薄命[2]

云母屏，琢春冰[3]，鲛女织绡蝉翼轻[4]。

比妾妾薄命，比君君薄情。

红绵拭镜照胆明，还疑妾貌非倾城。

倾城从来有人妒，况复君心不如故。

故人心尚峰九疑[5]，新妾那能无故时。

补天天高，填海海深[6]。

不食莲菂[7]，不知妾心。

注 释

①宋无（1260—约1341），字子虚，原籍晋陵（今江苏常州），以兵乱迁吴，冒姓朱。幼年生逢宋元易代的动乱，好学不怠，入元，游于山水之间，以吟咏自娱。

②妾薄命：古乐府曲名。

③琢春冰：指云母屏风像春冰一样薄而透明。

④“鲛女”句：《述异记》载，鲛人水居如鱼，不废机织。绡纱一名龙纱，

鲛女所织，入水不湿，十分名贵。

⑤九疑：九疑山，在今湖南。因其峰岭众多，游人生疑，故名。此指情人（或丈夫）的心像峰回路转的九疑山那样难以猜测。

⑥“补天”二句：用女娲补天、精卫填海故事。

⑦莲菂：莲子，其心苦，比喻女子心中的痛苦。

评 析

此诗写一位女子被抛弃后的痛苦心情，极缠绵哀怨之致。

诗的开头以鲛女所织的薄如蝉翼的屏风布（龙纱）为喻，因其极薄，故用作夫妻双方的比喻，既可比作“妾”之薄命，又可比作“君”之薄幸，含思宛转，构思极为巧妙。接下来，“妾”以红绵拭镜自照，觉得自己不够漂亮，这可能是愤激之言。故又说如果有倾城之色，就更易遭人嫉妒，更何况你已经变心了呢，语气极为沉痛。“故人心尚峰九疑，新妾那能无故时”，是全诗的中心，意谓丈夫生性多疑，喜新厌旧，而即使再美丽的女子也有年长色衰之时，这是为自己鸣不平。“补天”二句以补天、填海之艰难为喻，说自己的爱情修复无望。末二句既揭示己之“苦心”，似乎又包含“怜心”（莲心），极为痛苦，却又“怨而不怒”，得风人之体，语言亦相当流畅。元代大诗人赵孟頫称宋无诗“风流蕴藉，皆不经人道语”。邓中父称其诗“如天孙织绡，云经雾纬，自出机杼”，皆可从这首诗中得到印证。

元·乔吉

〔双调〕水仙子·怨风情

眼中花怎得接连枝①？眉上锁新教配钥匙②。
描笔儿③勾销了伤春事，闷葫芦刻断线儿④。
锦鸳鸯别对了个雄雌⑤，野蜂儿难寻觅⑥，
蝎虎⑦儿干害死⑧，蚕蛹儿毕罢了相思⑨。

注 释

①“眼中花”句：埋怨两人不能结合，像眼中的两花不能连枝一样。

②“眉上锁”句：形容双眉紧锁，要配钥匙打开。

③描笔儿：妇女描花样的笔，也可用来写信。

④闷葫芦：哑谜，如同用手盖住葫芦，别人无法猜测其中的东西。刻断：剪断。

⑤“锦鸳鸯”句：字面上是双方另择配偶，实际上是指对方另有所爱。

⑥“野蜂”句：指对方踪迹无定。古代文人常用蜂儿采花酿蜜，比喻男子追求女子。因对方对爱情不专一，故被称为“野蜂”。

⑦蝎虎：即壁虎、守宫。古人认为，把用丹砂喂养的守宫捣碎，点在妇女身上，如不与男人交接，则终身不灭。

⑧干害死：白白地害死。此句意为白白为负心人守贞。

⑨“蚕蛹”句：表示对爱情绝望，从此不再相思。“丝”与“思”双关。

评 析

乔吉的散曲风格有两类，一类文词华丽典雅，前人评为“清丽新奇”，此为乔吉曲作之大部分。另一类多用方言口语，为本色之曲，这支《怨风情》当属后一类。

前三句是所谓“鼎足对”，为一个三句对偶。“眼中花”比喻情郎，“连枝”指结为夫妻，故第一句是说二人未能婚配。“眉上锁”句是说自己因相思愁苦而双眉紧锁，须用钥匙方可打开，是一个比喻。“描笔儿”句为实写，元代杂曲中多有用描笔写信、写诗的记录，如《西厢记·闹简》等，故乔吉此句是说用笔写信给意中人，以结束这段不幸的爱情，“勾销”二字用得非常决绝，显示了女主人公的刚烈。为什么要勾销这相思债呢，下文交代说：负心贼已与自己绝交，爱上了别的女人，这是“闷葫芦”二句的含义。“野蜂儿”二句用对比手法，上句说她过去的这个情郎如野蜂般到处采花，踪迹难觅，下句说自己白白为他守贞。最后一句则将满腔的怨恨倾泻出来：“蚕蛹儿毕罢了相思。”此句反用李商隐《无题》诗“春蚕到死丝方尽”之意，是说自己从此以后绝不再想念这个负心郎，写得斩钉截铁，实则满腹辛酸。

元·无名氏

［越调］寨儿令·恨负心贼

鸳帐里，梦初回，见狞鬼几尊恶像仪。
手执金槌，鬼使跟随，打着面独脚皂纛旗①。
犯由牌②写得精细，疋先里拿下王魁③，
省会了陈殿直④，李勉⑤那厮也听者：
奉帝敕来斩你伙负心贼！

注释

①皂纛（dào）旗：黑色的大旗。

②犯由牌：写有犯人罪状的牌子。

③“疋先里拿下王魁”：疋先，即劈先、首先。元人《王魁负桂英》杂剧说：书生王魁赴考前，与妓女桂英海誓山盟，后考中，不认桂英，桂英当其面自刎，化为厉鬼去索王魁的命。

④省会了陈殿直：《青琐高议》载，陈叔文官授常州兴直主簿，因家贫不能赴任，后得妓女兰英相助，他便瞒着妻子与兰英结婚，后来怕事发，将兰英及女奴推落水中。两人化鬼复仇，索取陈的性命，元人有《陈叔文三

负心》杂剧，今不传。

⑤李勉：宋官本杂剧有《李勉负心》一种，从现存片段推测，剧情是李勉娶妻韩氏后，在春游时遇见一女子，双双私逃外地，生了二子。后李勉回家，受了岳丈斥责，竟迁怒韩氏，把她鞭死。

评 析

这支曲子写得相当泼辣大胆，她假托一位女子在梦中见到的情景，写阴间的恶鬼，将三个著名的负心郎王魁、陈叔文、李勉抓去，说是奉阎罗之命将这三人斩首，为桂英、兰英和韩氏报仇。这实际上是对薄幸人的鞭挞，及对现实中女子不幸命运的同情。

［双调］水仙子·风情（二首）

一

转寻思转恨负心贼，虚意虚名歹见识。

只被他沙塘口啜赚[①]了鸳鸯会，到人前讲是非。

咒的你不满三十，再休想我过从的意。

我今日懊悔迟，先输了花朵般身已。

二

娘心里烦恼恁儿[②]知，伏不是[③]床前忙跪膝。

是昨宵饮得十分醉，一时错悔是迟，由奶奶法外凌迟[④]。

打时节留些游气，骂时节存些面皮；可怜见俺是儿女夫妻。

注 释

①啜赚：哄骗。

②恁儿：您的儿子，曲中男主角自称。

③伏不是：承认自己不对。

④凌迟：古代极刑，这里指任由惩罚。

评 析

这两支曲子前一首为女子对负心汉的谴责，后一首是负心汉的油腔滑调的讨饶。

明代民歌

劈破玉[1]

蜂针儿[2]尖尖的，做不得绣[3]。
萤火儿亮亮的，点不得油。
蛛丝儿密密的，上不得簆[4]。
白头翁举不得乡约长[5]，纺织娘叫不得女工头[6]。
有什么丝线儿相牵也[7]，把虚名挂在旁人口！

注释

①劈破玉：明代民间的一种小曲。

②蜂针儿：以及下面的萤火虫、蜘蛛丝、白头翁、纺织娘，都是比喻有名无实之物。

③绣：指刺绣品。

④簆（kòu）：一种纺纱工具。

⑤乡约长：当时民间协助官府办事之人，多由老年人担任。

⑥女工头：做针线活出色的女子。

⑦也：相当于“啊”，语助词。

评 析

这是一首明代民歌，写得大胆泼辣，斩钉截铁，与文人矫揉造作之词迥然不同。

诗的主旨是写一位女子在爱情破裂后的怨恨，态度相当明朗，不拖泥带水。诗中连举“蜂针”不能刺绣、“萤火”不能点灯、“蛛丝”无法织布、“白头翁”不得任乡中官员、“纺织娘”做不得女工的首领，这五种事物皆名不副实，缺少实用价值，在歌中用作喻体，表达的意思是：“有什么丝线儿相牵也，把虚名挂在旁人口”，就像“蜂针”与刺绣之针无关（其他四物也是如此），我和这个负心贼如今无半点关系，现在必须将话挑明，免得我担此虚名。

这是决绝之词，也是伤心之词，反映了这位女子在受到伤害后的极度愤慨及幡然醒悟之情状。

清·孙原湘[1]

征妇怨

荷锄畏官去荷戈[2]，虎符下调征交河[3]。
经年不睹云中[4]雁，夜夜空闺[5]恶梦多。
朝来惨报全军殁[6]，寸骨不归归辫发。
结发恩深剪纸幡[7]，葬君遗发招君魂：
“魂兮莫怨沙场死，战死沙场鲜余罪[8]。
东家阿父[9]死官粮，官府下令械妻子[10]。”

注 释

①孙原湘（1760—1829），字子潇，昭文（今江苏省常熟市）人。清嘉庆十年（1805）进士，曾充武英殿协修。有《天真阁集》。

②荷戈：扛兵器。

③虎符：朝廷发给将领的信物，用铜铸成虎形，一半存朝廷，一半给将军，作为调动军队的凭证。交河：在今新疆吐鲁番境内。

④云中：郡名，治所在今山西大同。古代有鸿雁传信的传说，此句说经年没有得到丈夫的音讯。

⑤闺：闺房，女子卧室。

⑥殁（mò）：灭亡。

⑦结发：指夫妻。纸幡：纸做的祭旗。

⑧“战死”句：意为在沙场上战死了，没有给家中带来什么灾难。鲜：少。

⑨阿父：对老年人的尊称。

⑩妻子：泛指家属，即妻子儿女等。

评 析

这首诗写征妇之怨，字面上是思念丈夫，更主要的意思却是怨恨官府兵役给广大人民带来的苦难。

诗中说，本来握锄把的庄稼汉（此女之夫）被赶去当兵，远赴交河，数年音讯不通，我夜夜独守空闺，恶梦不断。最近接到消息，良人全军覆没，尸骨难归，旁人只送来他的辫发，诗写至此，女主人公当已泣不成声。接下来却转入更深一层：她为丈夫剪纸招魂，埋葬辫发，并且告慰于他：你战死沙场，不要怨恨，因为你还算幸运的，官府没有罪及家人；我们东边的邻居因缴不起官粮被逼死，官府将其妻子儿女全抓了起来。诗中所描绘的这幅景象确实惨不忍睹，征妇的哀怨其实也深入一层，这种诗具有较强的认识意义。

清·顾贞观①

更漏子

续残香，留好梦，鸳瓦不销霜重。
千里月，五更寒，此情持问欢②。

阑干角，蛛丝络③，谁解护花铃索④。
乘宿醉，看梳头，年时还记不⑤？

注 释

①顾贞观（1637—1714），字华峰，号梁汾，江苏无锡人。康熙五年（1666）顺天举人，擢秘书院典籍。十五年（1676）馆于纳兰相国家，与相国子性德交契。工于词，有《弹指词》传世。

②持问欢：拿离情来问所欢之人。

③蛛丝络：谓蛛丝结成网。

④护花铃索：《开元天宝遗事》："宁王至春时，于后园中纫红丝为绳，密缀金铃，系于花梢之上，每有乌鹊翔集，则令园吏掣铃索以惊之。"

⑤年时还记不：意谓那年的事如今还记得吗？

评 析

这可能是一首悼亡词。上片写词人自己目前处在“千里月、五更寒”的凄凉孤独境况之中，用想念旧欢的离情叩问旧欢，问她还知道不知道，这是总写梦境。词的下片回忆从前与她共同生活时的情景，词人曾经乘宿醉未醒，早起看她梳头，问她某年某时的某件事还记得吗，这件事当然是与爱情的柔情蜜意有关。苏轼的悼亡词《江城子》下片“夜来幽梦忽还乡。小轩窗，正梳妆。相顾无言，惟有泪千行”，与此词境界相似。

清·纳兰性德

蝶恋花

辛苦最怜天上月。一昔如环[①]，昔昔都成玦[②]。
若似月轮终皎洁，不辞冰雪[③]为卿热。

无奈尘缘容易绝。燕子依然，软踏帘钩说。
唱罢秋坟[④]愁未歇，春丛认取双栖蝶[⑤]。

注 释

①一昔如环：谓一夜满月如环。一昔：一夜。

②昔昔都成玦：谓夜夜都如玉玦。玦 (jué) ：玉珮，半环曰玦。

③冰雪：谓月中很冷。苏轼《水调歌头·中秋》："我欲乘风归去，又恐琼楼玉宇，高处不胜寒。"

④秋坟：李贺诗"秋坟鬼唱鲍家诗"。

⑤双栖蝶：用梁山伯与祝英台的故事。东晋会稽梁山伯与上虞祝英台同

学，并已生爱意，梁病死，祝适马氏，过山伯墓，大号恸，地忽自裂，英台跳入墓中，殉情而死，遂与山伯同葬，后来化为双飞蝴蝶。

评 析

这首词是悼亡词。词的上片写道，爱情如同月亮一般，圆满的时间很短，缺损的时间很长。“若似月轮终皎洁，不辞冰雪为卿热”二句说，爱情如能像月亮那样始终皎洁，即使你处于冰雪之中，我也要用热情来暖化你。词的下片写伤逝者的悲哀。双燕在帘间呢喃软语，反衬人的孤单。结语用梁祝这一悲凄而永恒的爱情故事来寄托自己永恒的相思与哀痛。

清·庄棫[1]

蝶恋花（四首）

一

城上斜阳依碧树，门外斑骓[2]，见了还相顾。

玉勒[3]珠鞭何处住？回头不觉天将暮。

风里余花都散去。不省分开，何日能重遇？

凝睇窥君君莫误，几多心事从君诉。

二

百丈游丝牵别院。行到门前，忽见韦郎[4]面。

欲待回身钗乍颤，近前却喜无人见。

握手匆匆难久恋。还怕人知，但弄团团扇。

强得分开心暗战，归时莫把朱颜变。

三

绿树阴阴晴昼午。过了残春，红萼谁为主？

宛转花旛[5]勤拥护，帘前错唤金鹦鹉。

回首行云迷洞户。不道今朝，还比前朝苦。

百草千花羞看取，相思只有侬和汝。

四

残梦初回新睡足。忽被东风，吹上横江曲。
寄语归期休暗卜，归来梦亦难重续。
隐约遥峰窗外绿。不许临行，私语频相属。
过眼芳华真太促，从今望断横波目。

注 释

①庄棫：生年不详，卒于光绪四年（1878），字中白，江苏丹徒人。先世业盐，少时即因输饷得部主事。后家道中落，校书江南、江宁各官书局。其词宗张惠言，是常州词派之后劲。

②斑骓：苍白杂色的马。

③勒：马络头。

④韦郎：《云溪友议》载："韦皋少游江夏，止于姜使君之馆，有小青衣曰玉箫，常令承侍，因而有情。后皋归省，遂与玉箫言约，少则五载，多则七年来取。因留玉指环，并诗遗之。至八年春不至，玉箫叹曰：韦家郎君一别七年，是不来矣。"

⑤花旛：《梦华录》载："立春日……剪彩为小旛谓之春。或悬于家人之头，或缀于花枝之下。"

评 析

清人陈廷焯《白雨斋词话》说这组词是托男女之情来写身世之感的，并且具体分析云："首章'回头'七字，感慨无限；下半声情酸楚，却又哀而不伤。次章心事曲折传出；下半韬光匿采，忧谗畏讥，可为三叹。三章词殊怨慕；次章盖言所谋有可成之机，此则伤所遇之卒不合也。故下云：'回首行云迷洞户，不道今朝，还比前朝苦。'悲怨已极。结云：'百草千花羞看取，相思只有侬和汝。'怨慕之深，却又深信不疑；想其中或有谗人间之，故无怨当局之语；然非深于风骚者，不能如此忠厚。四章决然舍去，中有怨情，故才欲说便咽住；下半天长地久之恨，海枯石烂之情，不难得其缠绵沉厚，而难得其温厚和平。”所说较是。这四首词，第一首写因偶然相逢而生情愫，第二首写二人相会之欢与女子娇羞情态，第三首写女子别后相思，第四首写梦中重逢。至于其中所寄寓的身世之感，则词中并未明言，须读者联系作者身世及时代文化氛围去细加体会。